データ
駆動型
回帰分析

計量経済学と機械学習の融合

末石直也
Naoya Sueishi

日本評論社

● はしがき

　データ分析のツールは日々進化しており、次々と新しい分析手法が経済学の実証研究に取り入れられています。特に最近の大きな変化は、機械学習の隆盛でしょう。機械学習の手法を用いた実証研究は、この数年で急速に増加しています。ところが、教育の側はそのような流行に追いついているかというと、どうでしょうか。特定の教員によって単発的に授業が行われることはあっても、計量経済学の標準的なトピックとして機械学習の手法が扱われるまでには至っていないのではないかと思います。

　もちろん、最近では機械学習関連の書籍は日本語でも数多く出版されていますので、それらを読めば済むのかもしれません。しかし、私の知っている範囲では、それらの本は一部を除いては、経済学者の興味とは異なるところに重点を置いていたり、あるいは、基礎的過ぎて物足りなかったりと、計量経済学を学ぶ人たちにとって丁度良い塩梅のものは、依然として多くはない印象です。

　本書はこのような昨今の状況を鑑みて書かれたものです。経済学をバックグラウンドとする人たちを主たるターゲットとして、従来の計量経済学の手法の拡張という視点から機械学習の手法を解説しています。ですが、経済学の知識は特段必要としません。

　本書は7つの章から成り、大きく前半（1～4章）と後半（5～7章）に分けられます。前半は伝統的な計量経済学・統計学の手法に関するパートです。ただし、伝統的とは言っても、通常の授業では詳しく取り上げられない内容に焦点を当てており、最近の研究についても触れています。1章で本書の問題意

識を述べた後、2章で線形回帰モデルの変数選択、3章でノンパラメトリック回帰、4章でセミパラメトリック回帰について解説しています。2〜4章で扱う手法は、計量経済学や統計学で以前から用いられてきたデータ駆動型の分析手法です。これらはそれ自体で重要であるとともに、後半の内容の理解の助けにもなると考えて、トピックとして採用しました。

後半は機械学習の手法に関するパートです。機械学習が対象とする範囲は膨大で、私の理解が及ぶ範囲にも限りがありますので、教師あり学習と呼ばれるカテゴリーに属するものの一部のみを扱っています。教師あり学習の主たる目的は予測ですが、計量経済学では区間推定や検定などの統計的推測も重要ですので、機械学習の手法を基にした統計的推測についても解説しています。具体的には、5章で回帰木などのツリーベースの手法、6章で線形回帰モデルの正則化推定量を紹介し、7章ではそれらの手法を応用して、興味のあるパラメータの妥当な信頼区間を求める方法を考察します。

私がはじめて機械学習と接点を持ったのは 2010 年で、Ph.D. を取得した直後でした。その年に開催された情報論的学習理論ワークショップ（IBIS 2010）で、企画セッション「計量経済と機械学習」に登壇者として招待していただいたのがきっかけです。そのときに機械学習に対して抱いた印象は、自分の関心とかなり近いことをやっているというものでした。機械学習の主眼はデータ駆動的なモデリングにありますが、元々私は変数選択やノンパラメトリック・セミパラメトリックな分析手法の研究をしていたこともあり、データ駆動的という考え方はすでに馴染みのあるものだったからです。最近では機械学習の手法を自分の研究にも取り入れるようになりましたが、私にとっての機械学習はデータ駆動型の分析を行うためのいくつかある手段のうちのひとつであり、従来の計量経済学や統計学を無用にしてしまうようなものであるとは考えていません。とは言え、機械学習の有用性を過小評価しているわけでもありません。

「データ駆動型」と並ぶ本書のもうひとつのキーワードは、「一様性」です。統計分析の手法が満たすべき望ましい性質のひとつとして、分析者が想定するどのような分布からデータが発生したとしても、その手法がうまく機能するというものがあります。そのような性質は一様妥当性（uniformly validity）と言われ、近年の計量経済学の理論研究では重要視されている性質なのですが、大

抵の教科書では触れられていないのではないかと思います。理論の詳細までは踏み込みませんが、雰囲気だけでも伝わればと思い、本書のいくつかの箇所でこの問題を取り上げています。

　本書では学部上級レベルの計量経済学の知識を前提としています。『計量経済学』（西山慶彦他、有斐閣、2019 年）くらいを想定していますが、それにプラスして、線形代数の知識も多少必要です。一部ではそれだけでは理解が困難かもしれない発展的な内容も扱っていますが、それらは主として理論研究に関心がある人やプロの研究者向けに書いています。星印（＊）の付いている節は難易度が高めで、星印が 2 つ（＊＊）付いている節はかなり難しいです（星印が付いていない部分が決して易しいわけでもないですが）。星印の有無にかかわらず、難しそうな部分は適宜読み飛ばしてもらってもよいでしょう。

　本書のスタイルは、基本的には拙著『計量経済学：ミクロデータ分析へのいざない』（日本評論社、2015 年）のそれを踏襲しています。証明はほぼ省略し、興味のある人には参考文献を挙げるにとどめています。その理由は、話の全体像が見えづらくなることを避けるためであり、厳密性を犠牲にしているというわけではありません。証明をしない代わりに、説明は丁寧にしています。新しく登場する事柄については、可能な限り数式と言葉の両方を用いて解説をするようにしています。また、どのような分析手法であれ、特定の目的には有用であっても、その他の目的にとっては有害にもなりうるので、分析手法の優れた点だけではなく、問題となりうる点についても極力言及するようにしています。

　本書の執筆にあたり、多くの方々にお世話になりました。東京大学の奥井亮氏と坂口翔政氏、慶應義塾大学の岡達志氏、滋賀大学の新久章氏、ニューヨーク大学博士課程の池上慧氏、カリフォルニア大学サンディエゴ校博士課程の林田光平氏には、本書の草稿に目を通していただき、多くの有益なコメントをいただきました。また、本書は私のサバティカル中に執筆されたものです。サバティカル中に一緒に仕事をさせていただいた株式会社サイバーエージェントAI Lab の安井翔太氏、竹浪良寛氏、松木一永氏からも有益なコメントをいただきました。紙幅の都合上、あるいは、私の能力の問題で、いただいたコメントのすべてを最終稿に反映させることは叶いませんでしたが、貴重な時間を割

いて原稿を読んでいただいた皆様に心から感謝申し上げます。

　また、前著に続いて執筆の機会を与えてくださった日本評論社の吉田素規氏には、今回も大変お世話になりました。原稿の数々の間違いを吉田氏に発見していただかなければ、大変なことになっていたでしょう。もちろん、まだありうる本書の間違いについては、すべて私の責任です。

　回帰分析と言えば、佐和隆光先生の『回帰分析』（朝倉書店）が有名です。初版が出版された 1979 年は、私が生まれた年でもあります。それから 45 年が経過し、見識は佐和先生にはるかに及ばないものの、私なりに現代の回帰分析のあり方を模索し苦闘した跡を、本書に読み取っていただければ幸いです。

　2024 年 3 月

末石直也

●目　次

第1章 回帰分析の課題

![アイコン]1.1 回帰分析

1.1.1 構造モデルと回帰モデル

ある研究者が、人々の賃金の対数値（Y）とこれまでに受けた教育年数（S）の間に、次のような関係が成り立つと言ったとする。

$$Y = g(S, \boldsymbol{W}) + e \tag{1.1}$$

ただし、$\boldsymbol{W}$ は年齢や職歴などの教育年数以外で賃金と関連を持つ観測可能な変数をまとめたベクトルである[1]。この関係式は一体何を意味しているのだろうか。

ひとつの解釈は、賃金の決定メカニズムを表しているというものである。誤差と呼ばれる e は、S と $\boldsymbol{W}$ 以外の（観測不能な）賃金の決定要因をひとまとめにしたものであり、ある人の $(S, \boldsymbol{W}, e)$ が与えられたとき、(1.1)式の右辺によって賃金 Y が決定される。このように、左辺の変数の決定メカニズム、あるいは、データ生成過程を表したモデルを、構造モデル（structural model）や構造形（structural form）などと呼ぶ。また本書では、何かしらの決定メカニズムを背後に想定する分析を構造的な分析と呼ぶことにする。

1）本書では基本的にはベクトルや行列は太字で表記し、スカラーと区別する。

　もうひとつの(1.1)式の解釈は、Y と $(S, \boldsymbol{W})$ の間の平均的な関係を表している
というものである。これまでに受けた教育年数が s 年で $\boldsymbol{W} = \boldsymbol{w}$ という特徴
を持つ部分母集団について、賃金の期待値が $g(s, \boldsymbol{w})$ で与えられる、すなわち、

$$g(s, \boldsymbol{w}) = \mathbb{E}[Y \mid S = s, \boldsymbol{W} = \boldsymbol{w}]$$

が成り立つことを意味する。平均的な関係を表す関数 g を、Y の $(S, \boldsymbol{W})$ への
回帰関数（regression function）や、$(S, \boldsymbol{W})$ を条件とする Y の条件付期待値関
数（conditional expectation function）などと呼ぶ。本書では回帰関数という用
語で統一し、g が回帰関数であるとき、(1.1)式を回帰モデル（regression
model）と呼ぶ。回帰モデルにおける誤差 e は、ある人の実際の賃金である Y
とその人と同じ観測可能な特徴を持つ人たちが平均的に得ている賃金
$\mathbb{E}[Y \mid S, \boldsymbol{W}]$ の差を表している。回帰関数の定義より、$\mathbb{E}[e \mid S, \boldsymbol{W}] = 0$ が成立
する。

　回帰関数は $(Y, S, \boldsymbol{W})$ の同時分布から一意に定まる。データの分析者に観測
可能な変数の分布から興味の対象が一意に定まるとき、その対象は識別される
（identified）と言う。回帰関数は基本的には観測される変数の情報のみから識
別・推定することができる。以下では、観測される情報のみから識別可能な変
数間の関係の分析のことを、記述的（descriptive）な分析と呼ぶことにする。

　構造モデルは回帰モデルとして表現可能であるかもしれないし、そうではな
いかもしれない。例えば、(1.1)式を構造モデルと考えるならば、誤差 e には
教育年数や年齢などの変数以外で賃金に影響を与える要因がすべて含まれる。
その中にはデータの分析者には観測できない個人の能力も含まれるであろう。
仮に能力の高い人ほど高水準の教育を受けているならば、e と S の間には相関
が生じ、$\mathbb{E}[e \mid S] \neq 0$ となる。したがって、$\mathbb{E}[Y \mid S, \boldsymbol{W}] \neq g(S, \boldsymbol{W})$ となり、g
は回帰関数ではない何か別の関数であるということになる。しかし、その関数
は $(Y, S, \boldsymbol{W})$ の情報のみからは知ることはできず、識別されない。構造モデル
の識別には、観測されるデータのみからは妥当性が検証できないような仮定が
必要となることもある。考察しているモデルが経済モデルであれば、それらの
仮定の妥当性は経済理論に基づいて判断される。

　構造モデルや回帰モデルにおける関数 g がわかると、何ができるのだろう

か。構造モデルは因果推論（causal inference）、あるいは、反事実的（counter-factual）な分析に用いることができる[2]。例えば、ある人の最終学歴が高校卒業（$S = 12$）だったとする。教育年数以外のすべての条件、すなわち $\boldsymbol{W}$ と e を一定として、仮に最終学歴だけが大学卒業（$S = 16$）に変わったならば、その人の賃金がどれだけ変化するかという問いを考える。もし (1.1) 式が賃金の決定メカニズムであるならば、賃金は $g(16, \boldsymbol{W}) - g(12, \boldsymbol{W})$ だけ異なり、この差は教育年数の賃金への因果効果（causal effect）もしくは処置効果（treat-ment effect）として解釈される。このように、構造モデルとは、反事実的状況においても不変な構造を表すモデルであると定義することもできる。ただし、(1.1) 式のモデルでは、同じ $\boldsymbol{W}$ を持つすべての人について、高卒と大卒の場合の賃金の差が等しいという制約を課している。$Y = g(S, \boldsymbol{W}, e)$ のように、e が加法的に分離可能ではないモデルを考えるほうがより適切であるかもしれない。

一方、回帰モデルからは、異なる部分母集団の間で賃金の平均がどれだけ異なるかがわかる。構造モデルと区別するために、g の代わりに μ という記号を用いて、$Y = \mu(S, \boldsymbol{W}) + e$ というモデルを考える。ただし、$\mathbb{E}[e \mid S, \boldsymbol{W}] = 0$ である。このとき、$\boldsymbol{W} = \boldsymbol{w}$ という特徴を持つ部分母集団において、高卒の人たちの平均賃金と大卒の人たちの平均賃金の差は、$\mu(16, \boldsymbol{w}) - \mu(12, \boldsymbol{w})$ で表される。しかし、ある人の最終学歴が高卒から大卒に変わったとき、その人の賃金が $\mu(16, \boldsymbol{W}) - \mu(12, \boldsymbol{W})$ だけ変化するとは限らない。

本書の目的は回帰モデルを用いたデータ分析の方法を理解することである。ただし、それは構造的な分析に関心がないということではない。なぜなら、一般に構造的な分析は、何かしらの仮定の下で記述的な分析に落とし込むことによってはじめて可能になるからである。例えば、先ほど少し例として挙げた因果推論は構造的な分析であるが、非交絡などの諸々の識別の仮定の下で、回帰分析に帰着させられることがほとんどである[3]。そのため、因果推論においても、回帰分析がその基礎にある。

2）因果推論に関する基本事項については、本章末にまとめてある。

1.1.2　回帰分析の目的

ある母集団から個体をランダムに抽出し、その個体の特徴を表す変数のベクトル $(Y, X_1, ..., X_p)$ が観測されるとする。興味の対象は、Y の $(X_1, ..., X_p)$ への回帰関数

$$\mu(x_1, x_2, ..., x_p) = \mathbb{E}[Y \mid X_1 = x_1, X_2 = x_2, ..., X_p = x_p]$$

である。Y を応答変数、結果変数、被説明変数などと呼び、$X_1, ..., X_p$ を共変量、回帰変数、説明変数などと呼ぶ。

回帰誤差を $e = Y - \mu(X_1, ..., X_p)$ と定義すれば、Y と $X_1, ..., X_p$ の関係は

$$Y = \mu(X_1, ..., X_p) + e$$

と書くこともできる。回帰誤差はその定義より、$\mathbb{E}[e \mid X_1, ..., X_p] = 0$ を満たす。回帰誤差の条件付分散 $\mathbb{E}[e^2 \mid X_1, ..., X_p]$ が $X_1, ..., X_p$ の関数であるとき、誤差は不均一分散であると言う。一方、条件付分散が $X_1, ..., X_p$ に依存しない定数であるとき、均一分散であると言う。

回帰分析の主要な目的のひとつは、条件付期待値への限界効果（marginal effect）を調べることである。経済学では、因果効果のように何かしらの効果が興味の対象となることが多い。回帰分析においても、他の条件を一定とした下で、ある特定の共変量のみが変化したときに、応答変数の条件付期待値がどの程度変化するかが興味の中心となる。X_1 が連続変数であるとき、その他の共変量の値を $X_2 = x_2, ..., X_p = x_p$ で固定した下で、X_1 だけを x_1 から変化させたときの X_1 の限界効果は

3）因果推論には、大きく分けると Rubin 流と Pearl 流の 2 つのアプローチが存在する。Rubin 流の因果推論では、潜在的結果変数によって因果を定義し、必ずしも構造モデルを明示的に導入しない。このことから、Rubin 流の因果推論を「誘導形」の分析と呼ぶ人たちもいるが、筆者個人はこの用語法を好まない。なぜなら、構造モデルを明示的に導入しないことが、必ずしも構造的な分析をしていないことを意味しないからである。経済学で因果効果を評価する際には、処置の変更に対して不変な構造が存在することを前提としている。この点については、本章末の補論でも述べる。

$$\frac{\partial \mu(x_1, x_2, ..., x_p)}{\partial x_1} \tag{1.2}$$

で定義される。一方、X_1 が離散的であれば、微分を差分で置き換える。特に、X_1 が 2 値（ベルヌーイ）変数であれば

$$\mu(1, x_2, ..., x_p) - \mu(0, x_2, ..., x_p) \tag{1.3}$$

が興味の対象となる。

　例として、Y を賃金、X_1 を性別を表す 2 値変数（男性ならば 1、女性ならば 0）、X_2 を教育年数とする。また、

$$\mu(x_1) = \mathbb{E}[\,Y \,|\, X_1 = x_1\,]$$
$$\mu(x_1, x_2) = \mathbb{E}[\,Y \,|\, X_1 = x_1, X_2 = x_2\,]$$

と定義する。すると、$\mu(1) - \mu(0)$ は男性と女性の賃金の期待値の差を表すのに対し、$\mu(1, x_2) - \mu(0, x_2)$ は教育年数が同じ x_2 年である人たちの間で、男性と女性の賃金の期待値の差を表す。つまり、後者は教育年数という条件をそろえた下で、男性と女性でどれだけ賃金の期待値に差があるかを表している。言い換えると、学歴が賃金に与える影響をコントロールした下で性別による違いを見ており、そのため X_2 はコントロール変数（control variable）とも呼ばれる。(1.2) 式と (1.3) 式では、$X_2, ..., X_p$ がコントロール変数である。限界効果はどのような変数をコントロール変数とするかによって変わってくる。

　回帰分析のもうひとつの主要な目的は予測である。母集団からランダムに選ばれた個体について、共変量 $X_1, ..., X_p$ の値を基にして、その個体の応答変数 Y の値を予測するという問題を考える。予測値は共変量の関数として表されるので、ある関数 f について予測値を $f(X_1, ...X_p)$ と表すことにすれば、予測の誤差は $Y - f(X_1, ..., X_p)$ で与えられる。そこで、予測精度の評価指標のひとつとして考えられるのが

$$\mathbb{E}[(Y - f(X_1, ..., X_p))^2] \tag{1.4}$$

である。(1.4) 式は平均 2 乗予測誤差（MSPE：mean squared prediction error）

と呼ばれる。回帰関数 μ は任意の関数 f に対して

$$\mathbb{E}[(Y - f(X_1, ..., X_p))^2] \geq \mathbb{E}[(Y - \mu(X_1, ..., X_p))^2]$$

を満たすことが知られている。つまり、回帰関数は MSPE の意味で最も良い応答変数の予測をもたらす。

　実際に予測を行う場面では、回帰関数はデータの分析者には未知なので、推定された回帰関数を用いて予測を行うことになる。そのため、良い予測のためには精度の高い回帰関数の推定が重要である。推定精度の評価指標はいくつかあるが、ある点 $(x_1, ..., x_p)$ における $\mu(x_1, ..., x_p)$ の推定量を $\hat{\mu}(x_1, ..., x_p)$ とすると、その平均 2 乗誤差（MSE：mean squared error）は

$$\mathrm{MSE} = \mathbb{E}[(\hat{\mu}(x_1, ..., x_p) - \mu(x_1, ..., x_p))^2]$$

で定義され、代表的な指標のひとつである。MSE は次のように 2 つの項に分解される。

$$\mathrm{MSE} = (\mathbb{E}[\hat{\mu}(x_1, ..., x_p)] - \mu(x_1, ..., x_p))^2 + \mathrm{Var}[\hat{\mu}(x_1, ..., x_p)]$$

推定量の期待値と推定対象の差はバイアスと呼ばれ、上式の右辺第 1 項はバイアスを 2 乗したものである。一方、第 2 項は推定量の分散である。一般にこれら 2 つの項はトレードオフの関係にあり、精度の高い推定のためには、両者のバランスを取ることが重要となる。バイアスと分散のトレードオフの問題は、本書を通じて様々な場面で登場する。

　なお、経済学で予測が重要になるケースとして、Kleinberg et al.（2015）では以下のような状況を考えている。Y を結果変数、X を意思決定者によって選ばれる変数であるとし、ある選択をしたときのペイオフが $\pi(X, Y)$ で与えられるものとする。ただし、π は既知の関数であるとする。このとき、最適な X は次のような微分に依存する。

$$\frac{d\pi(X, Y)}{dX} = \frac{\partial \pi}{\partial X}(Y) + \frac{\partial \pi}{\partial Y}\frac{\partial Y}{\partial X}$$

意思決定者にとって未知なのは、$\partial Y / \partial X$ と Y である。$\partial Y / \partial X$ を明らかにす

るのは因果（限界）効果を調べる問題であり、Y を明らかにするのは予測の問題である。よって、適切な意思決定のためには、Y を正しく予測することも重要である。

📈 1.2 線形回帰モデル

1.2.1 線形回帰モデル

先ほども述べたように、データの分析者が事前に回帰関数を知っていることはないため、上述のような分析のためには回帰関数を標本から推定する必要がある。本書を通じて様々な回帰関数の推定方法を紹介するが、最も基本的な方法は、回帰関数に線形性を仮定して推定するものである。

回帰関数に線形性を仮定したモデルを線形回帰モデル（linear regression model）と言う。線形回帰モデルでは、ある $\beta_0, \beta_1, ..., \beta_p$ が存在して、回帰関数が

$$\mu(x_1, ..., x_p) = \beta_0 + \beta_1 x_1 + \cdots + \beta_p x_p$$

のように表されると仮定する。β_0 は定数項と呼ばれる。以下では表記の単純化のため、定数項が含まれる場合には「1」も回帰変数のひとつとして扱い、$X_1, ..., X_p$ のいずれかが 1 であるとする。

線形回帰モデルは、次のように書いても同じである。

$$Y = \beta_1 X_1 + \cdots + \beta_p X_p + e \tag{1.5}$$

回帰誤差 e はその定義から $\mathbb{E}[e \,|\, X_1, ..., X_p] = 0$ を満たす。

線形回帰モデルの特徴のひとつは、興味の対象である (1.2) 式と (1.3) 式がどちらも β_1 という単一のパラメータによって表されるところである。このような表現や解釈の明瞭さが、線形回帰モデルを用いるメリットである。一方、デメリットは、回帰関数の定式化が正しいとは限らないことである。回帰関数の関数形は母集団の分布に依存し、線形関数で表されるとは限らない。

1.2.2　OLS 推定量とその性質

　線形回帰モデルのパラメータは、標本を用いて推定する必要がある。そこで、母集団から大きさ n の無作為標本 $\{(Y_i, \boldsymbol{X}_i)\}_{i=1}^{n}$ が得られるものとして、パラメータの推定方法を考察する。ただし、$\boldsymbol{X}_i = (X_{i1}, ..., X_{ip})'$ は個体 i についてすべての共変量をまとめたベクトルであり、プライム記号（'）は転置を表す。特に断りのない限り、ベクトルと言えば列ベクトルを指すものとする。また、本書ではどのようなモデルを考えるときでも、標本はすべて同一母集団からの大きさ n の無作為標本であるとし、以下では特に断らない[4]。

　線形回帰モデルのパラメータは、通常は最小2乗法（OLS：ordinary least squares）によって推定される。各観測値について(1.5)式が成り立つとして、ベクトルを用いて次のように表すことにする。

$$Y_i = \boldsymbol{X}_i'\boldsymbol{\beta} + e_i$$

ただし、$\boldsymbol{\beta} = (\beta_1, ..., \beta_p)'$ である。OLS は以下の最小化問題を解く。

$$\min_{\boldsymbol{b}} \sum_{i=1}^{n} (Y_i - \boldsymbol{X}_i'\boldsymbol{b})^2 \tag{1.6}$$

最小値を達成するベクトルが $\boldsymbol{\beta}$ の OLS 推定量であり、推定量 $\hat{\boldsymbol{\beta}} = (\hat{\beta}_1, ..., \hat{\beta}_p)'$ は

$$\hat{\boldsymbol{\beta}} = \left(\sum_{i=1}^{n} \boldsymbol{X}_i\boldsymbol{X}_i'\right)^{-1} \sum_{i=1}^{n} \boldsymbol{X}_iY_i$$

で与えられる。ただし、上記の式が意味を成すためには、$\sum_{i=1}^{n}\boldsymbol{X}_i\boldsymbol{X}_i'$ は正則行列でなければならない。

　以下では行列を用いて OLS 推定量を表すこともある。$\boldsymbol{Y} = (Y_1, ..., Y_n)'$、$\boldsymbol{X} = (\boldsymbol{X}_1, ..., \boldsymbol{X}_n)'$ とすると、最小化問題(1.6)式は

$$\min_{\boldsymbol{b}} \|\boldsymbol{Y} - \boldsymbol{X}\boldsymbol{b}\|^2$$

と表される。ただし、$\|\cdot\|$ はベクトルの L_2（ユークリッド）ノルムであり、

4）ただし、共変量を確率変数ではなく定数として扱うこともあり、その場合はこの限りではない。

$\boldsymbol{b} = (b_1, ..., b_p)'$ について $\|\boldsymbol{b}\| = \sqrt{b_1^2 + \cdots + b_p^2}$ で定義される。また、OLS 推定量は

$$\hat{\boldsymbol{\beta}} = (\boldsymbol{X}'\boldsymbol{X})^{-1}\boldsymbol{X}'\boldsymbol{Y}$$

となる。

限界効果に興味がある場合には、$\hat{\boldsymbol{\beta}}$ の要素が興味の対象となる。一方、予測に興味がある場合には、$\boldsymbol{x} = (x_1, ..., x_p)'$ とすると

$$\hat{\mu}(\boldsymbol{x}) = \boldsymbol{x}'\hat{\boldsymbol{\beta}}$$

によって回帰関数が推定できる。

線形回帰モデルによる定式化が正しいという仮定の下で、OLS 推定量の性質について簡単に触れておく。まず、$\hat{\boldsymbol{\beta}} = \boldsymbol{\beta} + \left(\sum_{i=1}^{n} \boldsymbol{X}_i\boldsymbol{X}_i'\right)^{-1}\sum_{i=1}^{n} \boldsymbol{X}_i e_i$ と書けるので、

$$\mathbb{E}[\hat{\boldsymbol{\beta}} \,|\, \boldsymbol{X}] = \boldsymbol{\beta} + \left(\sum_{i=1}^{n} \boldsymbol{X}_i\boldsymbol{X}_i'\right)^{-1}\sum_{i=1}^{n} \boldsymbol{X}_i\mathbb{E}[e_i \,|\, \boldsymbol{X}_i] = \boldsymbol{\beta} \tag{1.7}$$

が成り立つ。また、繰り返し期待値の法則より、$\mathbb{E}[\hat{\boldsymbol{\beta}}] = \boldsymbol{\beta}$ も成り立つ。上記の結果は OLS 推定量にはバイアスがないことを意味している。バイアスのない推定量は不偏（unbiased）推定量と呼ばれる。

また、OLS 推定量の条件付共分散行列は

$$\mathrm{Var}[\hat{\boldsymbol{\beta}} \,|\, \boldsymbol{X}] \equiv \mathbb{E}[(\hat{\boldsymbol{\beta}} - \mathbb{E}[\hat{\boldsymbol{\beta}} \,|\, \boldsymbol{X}])(\hat{\boldsymbol{\beta}} - \mathbb{E}[\hat{\boldsymbol{\beta}} \,|\, \boldsymbol{X}])' \,|\, \boldsymbol{X}]$$

$$= \left(\sum_{i=1}^{n} \boldsymbol{X}_i\boldsymbol{X}_i'\right)^{-1}\sum_{i=1}^{n} \boldsymbol{X}_i\boldsymbol{X}_i'\mathbb{E}[e_i^2 \,|\, \boldsymbol{X}_i]\left(\sum_{i=1}^{n} \boldsymbol{X}_i\boldsymbol{X}_i'\right)^{-1}$$

と表される。よって、特に均一分散（$\mathbb{E}[e_i^2 \,|\, \boldsymbol{X}_i] = \sigma^2$）を仮定すると

$$\mathrm{Var}[\hat{\boldsymbol{\beta}} \,|\, \boldsymbol{X}] = \sigma^2\left(\sum_{i=1}^{n} \boldsymbol{X}_i\boldsymbol{X}_i'\right)^{-1} \tag{1.8}$$

が成り立つ。本書では共変量は確率変数として扱うことが多いが、共変量が確率変数ではなく定数の場合には、(1.8) 式の右辺は $\boldsymbol{\beta}$ の線形不偏推定量の共分散行列の下限であることが知られている（Gauss-Markov の定理）。言い方を変えると、OLS 推定量は線形不偏推定量の中で分散の意味で最良の推定量

（BLUE：best linear unbiased estimator）である[5]。

　不偏性はサンプルサイズの大小にかかわらず満たされる性質で、そのような統計量の性質は有限標本特性や小標本特性などと呼ばれる。一方、サンプルサイズが大きいとき（$n \to \infty$ のとき）に満たされる性質は漸近特性や大標本特性などと呼ばれる。証明はしないが、OLS 推定量は次のような大標本特性を満たす。

- 一致性（consistency）：

$$\hat{\boldsymbol{\beta}} \overset{p}{\to} \boldsymbol{\beta}$$

- 漸近正規性（asymptotic normality）：

$$\sqrt{n}(\hat{\boldsymbol{\beta}} - \boldsymbol{\beta}) \overset{d}{\to} N\big(\boldsymbol{0}, \mathbb{E}[\boldsymbol{X}_i \boldsymbol{X}_i']^{-1} \mathbb{E}[\boldsymbol{X}_i \boldsymbol{X}_i' e_i^2] \mathbb{E}[\boldsymbol{X}_i \boldsymbol{X}_i']^{-1}\big)$$

ただし、$\overset{p}{\to}$ は確率収束、$\overset{d}{\to}$ は分布収束を表す。

　漸近正規性は統計的推測を行う際に重要である。特に限界効果に関心がある場合、$\boldsymbol{\beta}$ を点推定して分析が終わることは稀であり、点推定の後には、$\boldsymbol{\beta}$ の要素に関する検定を行ったり信頼区間を求めたりすることがほとんどである。これらのためには、少なくとも漸近的には未知パラメータに依存しない既知の分布に従う統計量を構築できることが必要である。例えば、ある既知の値 β_{10}（典型的には 0）に対し、帰無仮説 $\beta_1 = \beta_{10}$ を対立仮説 $\beta_1 \neq \beta_{10}$ に対して検定したいとき、t 統計量

$$t = \frac{\hat{\beta}_1 - \beta_{10}}{se(\hat{\beta}_1)}$$

が用いられる。ただし、$se(\hat{\beta}_1)$ は $\hat{\beta}_1$ の標準偏差を推定したもので、標準誤差（standard error）と呼ばれる。OLS 推定量の漸近正規性より、帰無仮説が正しく、かつ、適切に求められた標準誤差を用いれば、t 統計量は標準正規分布に

5）最近、Hansen（2022b）を契機として、Gauss-Markov の定理に「線形」推定量の条件が必要なのかどうかに関する議論が巻き起こった。興味があれば、Hansen（2022b）とともに、Portnoy（2022）や Pötscher and Preinerstorfer（2022）などを参照されたい。

分布収束し、漸近分布は母集団に依存しない。そのため、母集団の分布が何であれ、t 統計量の絶対値が標準正規分布の $1-\alpha/2$ 分位点（以下 $z_{1-\alpha/2}$ で表す）より大きいときに帰無仮説を棄却すれば、漸近的に有意水準 α の検定を行うことができる。

区間推定と検定は表裏一体の関係にある。漸近的に信頼水準 $1-\alpha$ の β_1 の信頼区間を求めるには、有意水準 α の両側検定で棄却されないパラメータの値の集合を求めればよい。つまり、

$$\left| \frac{\hat{\beta}_1 - \beta_1}{se(\hat{\beta}_1)} \right| \le z_{1-\alpha/2}$$

を満たすような β_1 の集合を求めれば、それが漸近的に β_1 の $1-\alpha$ 信頼区間になっている。したがって、β_1 の信頼区間は

$$[\hat{\beta}_1 - z_{1-\alpha/2}se(\hat{\beta}_1), \ \hat{\beta}_1 + z_{1-\alpha/2}se(\hat{\beta}_1)]$$

で与えられる。

1.2.3 線形射影モデル

回帰関数が回帰変数の線形関数であるというのはあくまで仮定であり、その仮定が常に満たされるとは限らない。むしろほとんどの場合、回帰関数は厳密には線形関数ではないと考えたほうがよいであろう。では、真の回帰関数が線形関数ではないとき、OLS は無意味であるかというと、必ずしもそうとは限らない。一般には、OLS は次のようなパラメータを推定していると解釈される。

$$\boldsymbol{\beta} = \arg \min_{\boldsymbol{b}} \mathbb{E}[(Y_i - \boldsymbol{X}_i'\boldsymbol{b})^2] \tag{1.9}$$

これは、$\boldsymbol{X}_i$ の線形関数の中で MSPE の意味で最も良い Y_i の予測（あるいは近似）を与えるものを求めていることを意味する。最良線形予測 $\boldsymbol{X}_i'\boldsymbol{\beta}$ は、Y_i の $\boldsymbol{X}_i$ への線形射影（linear projection）と呼ばれ、$\boldsymbol{\beta}$ は線形射影係数と呼ばれる。射影誤差を $e_i = Y_i - \boldsymbol{X}_i'\boldsymbol{\beta}$ と定義すれば、線形射影モデルは

$$Y_i = \boldsymbol{X}_i'\boldsymbol{\beta} + e_i, \quad \mathbb{E}[\boldsymbol{X}_i e_i] = \boldsymbol{0} \tag{1.10}$$

と表される。ただし、$\boldsymbol{0}$ はすべての要素が 0 であるベクトルを表す。$\mathbb{E}[\boldsymbol{X}_i e_i] = \boldsymbol{0}$ という誤差 e_i に関する条件は、(1.9) 式の最小化の 1 階条件から得られる。$\mathbb{E}[\boldsymbol{X}_i \boldsymbol{X}_i']$ が正則であれば

$$\boldsymbol{\beta} = \mathbb{E}[\boldsymbol{X}_i \boldsymbol{X}_i']^{-1}\mathbb{E}[\boldsymbol{X}_i Y_i] \tag{1.11}$$

と表せる。

　線形射影係数 (1.9) 式は、$\mathbb{E}[(\mu(\boldsymbol{X}_i) - \boldsymbol{X}_i'\boldsymbol{b})^2]$ を最小にするベクトル $\boldsymbol{b}$ と一致することを示すこともできる。つまり、$\boldsymbol{X}_i'\boldsymbol{\beta}$ は Y_i に対する最良線形近似であるとともに、$\mu(\boldsymbol{X}_i)$ に対しても最良線形近似になっている。なぜなら、繰り返し期待値の法則から、(1.11) 式で与えられる $\boldsymbol{\beta}$ について

$$\boldsymbol{\beta} = \mathbb{E}[\boldsymbol{X}_i \boldsymbol{X}_i']^{-1}\mathbb{E}[\boldsymbol{X}_i \mu(\boldsymbol{X}_i)]$$

も成り立つためである。そのため、回帰関数が線形関数ではないときでも、OLS 推定量は回帰関数を最も良く近似する線形関数を推定していると解釈することができる。線形回帰モデルが正しく定式化されたモデルである場合には、線形回帰モデルと線形射影モデルは一致する。

　線形射影モデル (1.10) 式は記述的な分析のためのモデルであり、通常は $\boldsymbol{X}_i$ と e_i による Y_i の決定メカニズムを表してはいない。射影誤差は近似（予測）誤差に過ぎず、構造モデルの誤差のように $\boldsymbol{X}_i$ 以外の Y_i の決定要因という解釈も成り立たない。OLS について、応答変数と共変量の間に線形関係が成り立つわけがないという批判がしばしばなされるが、そのような批判をする人たちは構造モデルを想定しているのであろう。線形射影モデルは Y_i もしくは $\mu(\boldsymbol{X}_i)$ の最良線形近似に過ぎず、どのような母集団に対しても、(1.10) 式を満たす $\boldsymbol{\beta}$ は必ず存在する。そして、真のデータ生成過程が何であれ、OLS 推定量は (1.9) 式の一致推定量になっている。ただし、線形射影係数がデータの分析者にとって興味の対象となるかどうかは、分析の目的に依存する。例えば、1.1.1 項で考察したような賃金の決定メカニズムに関心があるような場合には、線形射影モデルを推定しても、あまり役には立たないだろう。

1.2.4 欠落変数バイアス

限界効果に興味がある場合には、影響をコントロールすべき変数を不足なくモデルに入れることが重要である。なぜなら、1.1.2項でも述べたとおり、コントロール変数を変えることで限界効果も変わってくるためである。そのことを線形回帰モデルのケースで確認する。

次のような線形回帰モデルを考える。

$$\log W_i = \beta_0 + \beta_1 S_i + \beta_2 A_i + e_i, \quad \mathbb{E}[e_i | S_i, A_i] = 0 \tag{1.12}$$

ただし、W_i は個人 i の賃金、S_i は教育年数、A_i は能力を表す変数であるとする。このモデルでは、能力を一定とした下で、1年間追加的な教育を受けると、賃金が期待値で $100 \times \beta_1\%$ 上昇すると解釈される。係数 β_1 がデータの分析者の興味の対象である。ところが、能力という変数は実際には観測できない。そこで、A_i をモデルから外し、次のようなモデルを代わりに考察したとする。

$$\log W_i = \gamma_0 + \gamma_1 S_i + u_i, \quad \mathbb{E}[u_i | S_i] = 0 \tag{1.13}$$

このモデルの γ_1 を OLS で推定しても、β_1 の適切な推定量にはならない。なぜなら、β_1 と γ_1 は異なるパラメータだからである。

2つのパラメータの関係を確認しよう。(1.13)式の両辺で S_i との共分散をとって整理すると

$$\gamma_1 = \frac{\mathrm{Cov}[\log W_i, S_i]}{\mathrm{Var}[S_i]}$$

となる。さらに、(1.12)式の右辺を代入すると

$$\gamma_1 = \beta_1 + \beta_2 \frac{\mathrm{Cov}[A_i, S_i]}{\mathrm{Var}[S_i]}$$

という関係が得られる。よって、$\beta_2 = 0$ か $\mathrm{Cov}[A_i, S_i] = 0$ の少なくともどちらか一方が成立しない限り、$\gamma_1 \neq \beta_1$ となる。今の例では、能力は賃金に影響を与えており（$\beta_2 \neq 0$)、かつ、能力と教育年数には相関がある

（$\mathrm{Cov}[A_i, S_i] \neq 0$）と考えるのが自然なので、$\gamma_1$ と β_1 は異なるパラメータと考えるのが妥当であろう。

　影響をコントロールすべき変数を省いてしまったがために、OLS 推定量が望ましい性質を満たさないとき、欠落変数バイアス（omitted variable bias）が生じているという。ただし、これは OLS に問題があるわけではなく、モデルの定式化の問題である。欠落変数バイアスを防ぐためには、必要な変数を不足なくモデルに組み込めばよいのだが、それほど単純ではない。能力のような変数はそもそも観測できないので、(1.12)式を OLS で推定することはできない。また、能力が観測できたとしても(1.12)式の定式化が正しいとは限らず、能力の影響をコントロールするには、A_i だけでなく、その 2 乗、3 乗の項もモデルに含める必要があるかもしれない。さらに、影響をコントロールすべき要因が複数ある場合には、それらの交差項などもコントロール変数とすべきかもしれないが、どのような変数を推定するモデルに入れるべきかは、経済理論だけではわからない。

📈1.3　本書の課題と構成

　実際の回帰分析では、いくつかの問題に直面する。例えば、以下のような問題が考えられる。

1. 回帰変数の選択が恣意的になりがちである。
2. 回帰関数の線形性の仮定が不適切な場合がある。
3. 回帰変数の数が非常に多いとき、OLS の推定精度が低くなったり、そもそも OLS で推定することができない場合がある。

　ある変数の限界効果を調べることが目的であるとき、どのような変数をコントロール変数として用いるべきかは自明ではない。そのため実証研究では、いくつかの異なるコントロール変数の組み合わせを用いて、回帰分析の結果がレポートされることが多い。これは推定結果の頑健性を示すためのものであるが、すべての研究者が正直に頑健性のチェックを行っているとは限らない。客観性を装って、実は興味のあるパラメータが有意になるようなケースだけを選

んでレポートしていることもありうるだろう。最近よく問題となっているが、p 値が所望の値以下になるまで分析を繰り返す行為は p ハッキング（p-hacking）と呼ばれ、不正な統計手続きの代表例である。

　予測が目的である場合でも、変数選択は重要な問題である。なぜなら、多くの共変量を使えば使うほど応答変数の良い予測が得られるとは限らないからである。回帰関数が既知ならば、得られるすべての共変量を使って予測をすればいいのだが、回帰関数が事前にわかっていることはほぼない。そのため、まずは標本から回帰関数を推定する必要があるが、回帰変数が多いほど推定にまつわる分散が大きくなる。その結果、予測に用いる変数が多すぎると、少ない場合よりもかえって予測のパフォーマンスを悪化させてしまう。

　2 番目の回帰関数の線形性の問題については、回帰関数が線形関数である程度近似できれば大きな問題はないのだが、近似がうまくいかないことも多い。また、線形射影モデルは、平均的には応答変数の良い予測をもたらすかもしれないが、ある特定の点 x における回帰関数の値を知りたいときにはあまり有用ではない。線形射影モデルの点 x における値 $x'\beta$ と回帰関数の値 $\mu(x)$ の間には、x の値によっては大きな乖離が生じる可能性があるからである。線形関数に限定せずとも、非線形関数で適切に回帰関数をモデリングできればそれでよいのだが、回帰関数の正確な関数形を知ることはほぼ不可能である。よって、分析の目的によっては、回帰関数の関数形にできるだけ仮定を置くことなく、回帰関数を推定できることが望ましい。

　3 番目の問題は 1 番目の問題とも重複する部分があるが、今世紀の統計学では中心的課題のひとつである。近年では実証分析で用いられるデータも多様化しており、分析者が入手可能な共変量は膨大になることもあるが、限界効果に興味があるにせよ、予測に興味があるにせよ、候補となる共変量を恣意的に取り除くことは望ましくない。また、前節の最後で述べたとおり、限界効果を調べるために複数の共変量の影響をコントロールする必要がある場合、それぞれの共変量のべき乗の項や交差項なども考察の対象とすると、候補となる共変量の数は非常に多くなりうる。サンプルサイズより共変量の数が大きいデータは高次元データと呼ばれ、その分析の重要性は経済学においても高まりつつある。しかしながら、高次元データを用いて予測や統計的推測を行うには、種々

の問題がある。

　本書では、上記のような問題に対して、計量経済学者や統計学者がどのような解決策を考えてきたかを、分野の発展の歴史を辿りながら解説する。本書前半では、共変量の数がサンプルサイズよりもずっと小さいという古典的な統計学の設定の下で、種々の手法を紹介する。後半では、機械学習の手法を取り入れることで、これまで困難とされていた問題に対していかに対処可能となったかを解説する。本書の最終的なゴールは、分析者の恣意性を極力排除した、データ駆動的（data-driven）な回帰分析の可能性を探ることである[6]。

　本書の構成は以下のとおりである。2章では、線形回帰モデルの変数選択の問題を取り上げる。変数選択、あるいは、モデル選択に関しては、統計学で多くの研究の蓄積がある。2章では交差検証法を用いた変数選択や情報量規準に基づく変数選択など、古典的な選択方法をいくつか紹介し、それらの選択手法の理論的な根拠についても触れる。さらに、変数選択を行った後に統計的推測を行うことの問題点を指摘する。

　3章では、関数形の仮定を置かずに回帰関数を推定するノンパラメトリック回帰について解説する。特に代表的な手法である、カーネル法とシリーズ法を紹介する。詳しくは3章で述べるが、回帰不連続デザインを用いた分析の人気も相まって、カーネル法を用いた統計的推測の重要性が実証研究者にも認知されてきている。そこで、ノンパラメトリック法を用いて統計的推測を行うためにはどのようなことに気を付ける必要があり、近年どのような研究が行われているかについても解説する。

　4章では、セミパラメトリック法について解説する。ノンパラメトリック回帰の弱点として、回帰変数の数が増えるほど、正確な回帰関数の推定が困難になるという問題がある。このような問題は次元の呪いと呼ばれ、あらゆるノンパラメトリック推定で問題となる。セミパラメトリックモデルでは、モデルを完全にノンパラメトリックに扱うのではなく、モデルの一部をパラメトリックに定式化する。これにより、次元の呪いの問題を部分的にではあるが回避する

6）データ駆動的とは言っても、いわゆる「ドメイン知識」と呼ばれるような、分析対象に関する専門知識の有用性を否定するものではない。

ことができる。また、興味の対象が有限次元のベクトルで表されるので、解釈が明瞭であるというメリットもある。

5章では、機械学習の分野で発展してきたノンパラメトリック回帰の方法である、ツリー（tree）ベースの推定方法について解説する。ツリーベースの方法は、カーネル法と共通点を持っており、主としてカーネル法との比較でどのような違いやメリットがあるのかを論じる。ツリーベースの方法は、回帰変数の数が比較的多い場合でもよく機能すると言われており、経済学の実証分析においても使用例が増えつつある。

6章ではもう一度線形回帰モデルに話を戻し、共変量が非常に多いケースを考察する。共変量の数が多いとき、共変量間の相関が高くなりがちであり、多重共線性が問題となる。また共変量の数がサンプルサイズより大きいときには、OLS の最小化問題(1.6)式で最小値を達成するベクトルが無数に存在してしまう。そのような問題への対処法として、正則化と呼ばれるアプローチがある。6章では Lasso を中心として、いくつかの代表的な正則化法を紹介し、その性質について解説する。また、正則化法を用いて統計的推測を行うことの難点についても述べる。

最終章となる7章では、高次元モデルにおける統計的推測の問題を考察する。高次元データを用いて特定のパラメータに関する統計的推測を行うには、変数選択や正則化を行う必要がある。変数選択後にどのようにして妥当な統計的推測を行うかという問題は、統計学では長きにわたって問題となっていたが、近年になっていくつかのアプローチが提案されており、それらについて解説する。

📈1.4 補論

本書では回帰分析の応用例として、因果推論の問題を何度か考察する。そこで、Rubin 流の因果推論に関する基本的事項を簡単にまとめておく。詳しくは、Imbens and Rubin（2015）（邦訳はインベンス・ルービン 2023、星野・繁桝監訳）や Cunningham（2021）（邦訳はカニンガム 2023、加藤他訳）などの因果推論の専門書を参照されたい。また、以下の説明は、Hansen（2022a）を

参考にしている。

　個体 i について観測される応答変数を Y_i とし、個体 i が処置や介入を受けたかどうかを2値変数 D_i で表す。

$$D_i = \begin{cases} 1 & \text{処置あり} \\ 0 & \text{処置なし} \end{cases}$$

$D_i = 1$ である個体のグループを処置群（treatment group）、$D_i = 0$ である個体のグループを対照群（control group）と呼ぶ。また、処置を受けたときと受けなかったときに実現しうる潜在的結果（potential outcome）を $Y_i(1)$ と $Y_i(0)$ で表す。

$$Y_i = \begin{cases} Y_i(1) & D_i = 1 \text{ のとき} \\ Y_i(0) & D_i = 0 \text{ のとき} \end{cases}$$

個体 i にとっての処置効果あるいは因果効果は、$Y_i(1) - Y_i(0)$ で定義される。しかし、$Y_i(1)$ と $Y_i(0)$ を同時に観測することはできないため、実際にこれを求めることは不可能である。

　記号が示唆するように、上記の設定では暗に2つの仮定を置いている。まず、各個体の潜在的結果は、その個体自体が処置を受けるかどうかにしか依存しないことを仮定している。ある個体 j が処置を受けるかどうかは、別の個体 i の潜在的結果には影響を与えない。もし、他の個体の処置の影響を受けるならば、潜在的結果は $Y_i(1, 0, ..., 0)$ のように表されるべきである。また、処置が2値変数で表されるということは、処置の均一性も仮定されている。処置を受ける場合には処置の受け方にバリエーションがあってはならない。これらの仮定を合わせて SUTVA（stable unit treatment value assumption）と言い、本書を通じてこの仮定を置く。

　処置効果の例として、職業訓練を受けることが賃金にどのような影響を与えるかを考察したいとする。Y_i を賃金、D_i を職業訓練の有無を表す変数とし、次のような賃金の決定メカニズム（構造モデル）を考える。

$$Y_i = h(D_i, \boldsymbol{X}_i, e_i) \tag{1.14}$$

ただし、$\boldsymbol{X}_i$ は過去の賃金や学歴などの賃金に影響を与えうる観測可能な共変量のベクトルであり、e_i は D_i と $\boldsymbol{X}_i$ 以外で賃金に影響を与える観測不能な要因をまとめたものである。$Y_i(1)$ と $Y_i(0)$ をそれぞれ

$$Y_i(1) = h(1, \boldsymbol{X}_i, e_i), \quad Y_i(0) = h(0, \boldsymbol{X}_i, e_i) \tag{1.15}$$

と定義すると、職業訓練が個人 i の賃金に与える処置効果は

$$Y_i(1) - Y_i(0) = h(1, \boldsymbol{X}_i, e_i) - h(0, \boldsymbol{X}_i, e_i)$$

である。つまり、このモデルにおける処置効果とは、$\boldsymbol{X}_i$ と e_i を一定とした下で、D_i だけを変化させたときの賃金の変化を表す。処置効果を識別・推定するためには必ずしも (1.14) 式のような構造モデルを具体的に定式化する必要はなく、データ生成過程のモデリングが不要であることが Rubin 流の因果推論のメリットである。しかし、経済学において処置効果を考えるときには、暗に構造モデルにおける限界効果を想定しているケースが多いと考えられる。

　次のようなパラメータを識別することを考える。

$$\tau_{ate} \equiv \mathbb{E}[Y_i(1) - Y_i(0)] \tag{1.16}$$
$$\tau_{att} \equiv \mathbb{E}[Y_i(1) - Y_i(0) \mid D_i = 1] \tag{1.17}$$

(1.16) 式は平均処置効果（ATE：average treatment effect）と呼ばれ、母集団全体での平均的な処置効果を表している。(1.17) 式は処置群の平均処置効果（ATT：average treatment effect on treated）を表している。

　$\mathbb{E}[Y_i(d) \mid D_i = d] = \mathbb{E}[Y_i \mid D_i = d]$（$d = 0, 1$）なので、ATT は以下のように 2 つのパートに分解できる。

$$\tau_{att} = \underbrace{\mathbb{E}[Y_i \mid D_i = 1] - \mathbb{E}[Y_i \mid D_i = 0]}_{\text{観測可能な変数の条件付期待値の差}} + \underbrace{\mathbb{E}[Y_i(0) \mid D_i = 0] - \mathbb{E}[Y_i(0) \mid D_i = 1]}_{\text{セレクションバイアス}}$$

ATT の識別で問題となるのは、セレクションバイアスと書いた部分である。$D_i = 1$ のとき $Y_i(0)$ は観測されないので、$\mathbb{E}[Y_i(0) \mid D_i = 1]$ は何らかの条件を置かない限り識別されない。仮に、$Y_i(0)$ と D_i が独立であれば、セレクションバイアスは 0 となるが、観察データを用いた分析では、通常は潜在的結果と処置

は相関を持つ[7]。

　潜在的結果と処置との間に相関が生じる原因のひとつとして、潜在的結果と処置の両方に影響を与えるような変数が存在する場合がある。そのような相関を生じさせる変数のことを交絡変数（confounding variable）と言う。交絡変数が観測される変数である場合は、それらの変数の影響をコントロールすることで、ATE や ATT が識別できる場合がある。そこで、共変量（交絡変数）X_i が観測されて、以下の非交絡（unconfoundedness）の仮定が満たされるとする。

$$(Y_i(1), Y_i(0)) \perp D_i \,|\, X_i$$

ただし、$\perp$ は独立を表す記号である。非交絡の仮定は、観測される変数に基づく選択（selection on observables）の仮定や、条件付独立の仮定（conditional independence assumption）などとも呼ばれる。

　非交絡の仮定の解釈を考えるため、引き続き賃金に関する構造モデル(1. 14)式を考える。また、(1. 15)式で潜在的結果を定義する。実験でも行わない限り、職業訓練は受けることによるメリットがあると考えている人のみが受けるので、潜在的結果と処置は独立にならないと考えられる。この構造モデルにおいて、非交絡の仮定とは

$$f(e\,|\,D, X) = f(e\,|\,X)$$

が成り立つことに対応する。ただし、$f(e\,|\,D, X)$ と $f(e\,|\,X)$ は e の条件付分布を表す。つまり、同じ共変量の値を持つ部分母集団の中では、e_i の分布は D_i に依存しないと仮定することを意味する。例えば、e_i を個人の観測できない能力、X_i を学歴や年齢などを表す共変量とすれば、能力の分布は職業訓練を受ける人と受けない人で同じではないが、学歴や年齢などの条件を同じにすれば、職業訓練を受ける人と受けない人で能力の分布に違いはないと考えてもよいということである。あるいは、共変量の値が同じ集団においては、処置の割

　7）実験から得られたデータではなく、経済主体の行動をそのまま記録したデータを観察データ（observational data）と呼ぶ。

り当てはランダムに行われていると考えてもよいということを意味している。

　非交絡の仮定とともに、次のオーバーラップ（overlap）の仮定も満たされているとしよう。

$$0 < P(D_i = 1 \mid \boldsymbol{X}_i = \boldsymbol{x}) < 1 \quad \text{for all } \boldsymbol{x}$$

オーバーラップの仮定は、$\boldsymbol{X}_i$ の値で分割されたすべての部分母集団について、処置を受ける個体と受けない個体の両方が存在することを意味する。この条件が成り立たない場合には、特定の部分母集団においては、処置を受ける個体か受けない個体のどちらか一方しか存在しないので、処置効果を調べることはできない。非交絡の仮定とオーバーラップの仮定を合わせて、強い無視可能性（strong ignorability）の仮定と呼ぶこともある（Rosenbaum and Rubin 1983）。

　以上の仮定の下で、ATE の識別を考えよう。因果推論の問題においてパラメータの識別のために必要なことは、観測不能な潜在的結果を用いて定義されたパラメータを、観測可能な変数のみを用いて表すことである。次のように $\tau(\boldsymbol{x})$ を定義する。

$$\tau(\boldsymbol{x}) = \mathbb{E}[\, Y_i(1) - Y_i(0) \mid \boldsymbol{X}_i = \boldsymbol{x}]$$

繰り返し期待値の法則より $\tau_{ate} = \mathbb{E}[\tau(\boldsymbol{X}_i)]$ と書けるので、$\tau(\boldsymbol{x})$ が識別できれば ATE も識別できる。ここで、強い無視可能性の仮定の下で、任意の $\boldsymbol{x}$ について

$$\mathbb{E}[\, Y_i(1) \mid \boldsymbol{X}_i = \boldsymbol{x}] = \mathbb{E}[\, Y_i(1) \mid \boldsymbol{X}_i = \boldsymbol{x}, D_i = 1] = \mathbb{E}[\, Y_i \mid \boldsymbol{X}_i = \boldsymbol{x}, D_i = 1]$$
$$\mathbb{E}[\, Y_i(0) \mid \boldsymbol{X}_i = \boldsymbol{x}] = \mathbb{E}[\, Y_i(0) \mid \boldsymbol{X}_i = \boldsymbol{x}, D_i = 0] = \mathbb{E}[\, Y_i \mid \boldsymbol{X}_i = \boldsymbol{x}, D_i = 0]$$

が成り立つ。$\mathbb{E}[\, Y_i \mid \boldsymbol{X}_i = \boldsymbol{x}, D_i = 1]$ と $\mathbb{E}[\, Y_i \mid \boldsymbol{X}_i = \boldsymbol{x}, D_i = 0]$ はともに観測可能な変数に関する条件付期待値なので、これらは識別可能である。よって、これらと等しい $\mathbb{E}[\, Y_i(1) \mid \boldsymbol{X}_i = \boldsymbol{x}]$ と $\mathbb{E}[\, Y_i(0) \mid \boldsymbol{X}_i = \boldsymbol{x}]$ が識別され、ATE が識別されることも示される。同様にして、ATT の識別も示すことができる。

第2章 変数選択

　線形回帰モデルを用いる際、どの共変量を推定するモデルに入れるべきかは自明ではない。基本的にはドメイン知識に基づいて候補となる変数が選ばれるが、それだけでは完全に決定することはできないため、データ依存的に選択を行わざるを得ない。1970年代から現在に至るまで、統計学では様々な変数選択（variable selection）の方法が研究されており、本章ではそれらのうち比較的初期の研究成果を中心に紹介する。それらは現在でも重要な手法であり、特に交差検証法は、線形回帰モデルの変数選択に限らず、本書を通じて多くの場面で登場する。

　1章でも述べたとおり、線形回帰モデルを用いる目的は大きく分けると2つあり、ひとつは限界効果の分析、もうひとつは応答変数の予測である。しかし、変数選択法の大半は予測を目的として開発されている。そこで本章でも、主として予測の観点から変数選択の問題を論じる。正確な予測のためには、過学習やオーバーフィッティング（overfitting）と呼ばれる問題を避けて、過不足なく共変量を選択することが重要である。そしてそのためには、バイアスと分散のトレードオフを考慮する必要がある。

　本章では予測をメインに論じるものの、経済学では限界効果に関心のあることが多いのも事実である。実証研究では、何らかの形で変数選択を行った後に、興味のあるパラメータに関する統計的推測が行われることが多い。しかしながら、それらの大半は意図してかどうかはともかく不適切なものである。変数選択後の推論の問題は理論研究者の間ではかなり以前から認知されていたも

のの、適切な解決策がなかったがために、事実上黙認されてきた。本章の最後では、変数選択後の統計的推測の問題点を指摘し、その問題への対応策については最終章の 7 章で論じる。

📈2.1 設定

個体 i について、p 個の共変量 $\boldsymbol{X}_i = (X_{i1}, ..., X_{ip})'$ が観測されるものとする。ただし、$p < n$ である。また、応答変数 Y_i と共変量 $\boldsymbol{X}_i$ の間に次のような関係が成り立つとする。

$$Y_i = \mu(\boldsymbol{X}_i) + e_i \tag{2.1}$$

ただし、回帰誤差 e_i は $\mathbb{E}[e_i | \boldsymbol{X}_i] = 0$ と $\mathbb{E}[e_i^2 | \boldsymbol{X}_i] = \sigma^2$ を満たし、回帰関数 μ と誤差分散 σ^2 は未知である[1]。回帰関数は $\boldsymbol{X}_i$ のすべての要素に依存するとは限らず、$\boldsymbol{X}_i$ には冗長な変数が含まれている可能性もある。

データの分析者には真の回帰関数の関数形はわからないが、次のような線形モデルでモデリングをする。

$$Y_i = \boldsymbol{X}_i' \boldsymbol{\beta} + u_i \tag{2.2}$$

(2.1)式と(2.2)式をベクトルで表記したものをそれぞれ

$$\boldsymbol{Y} = \boldsymbol{\mu} + \boldsymbol{e}$$
$$\boldsymbol{Y} = \boldsymbol{X}\boldsymbol{\beta} + \boldsymbol{u}$$

とする。ただし、$\boldsymbol{\mu} = (\mu(\boldsymbol{X}_1), ..., \mu(\boldsymbol{X}_n))'$、$\boldsymbol{e} = (e_1, ..., e_n)'$、$\boldsymbol{u} = (u_1, ..., u_n)'$ である。ある $\boldsymbol{\beta} \in \mathbb{R}^p$ が存在して、$\boldsymbol{\mu} = \boldsymbol{X}\boldsymbol{\beta}$ が成り立つならば、線形回帰モデルは正しく定式化されているし、そうでなければ定式化は誤っている。

本章では、与えられた p 個の共変量から、適切な共変量を選択するという問題を考える。そのために、いくつかの記号を導入する。すべての共変量の集

1）誤差について均一分散を仮定している。この仮定は、以下で紹介する方法のうち、交差検証法を用いるためには必ずしも必要ではない。

合から、部分集合を選んで得られる線形モデルを M という記号で表す。すべての共変量を用いるモデルを集合 $\{1, ..., p\}$ で表し、M はその部分集合として表される。また、モデル M の共変量の行列を $\boldsymbol{X}_M = (\boldsymbol{X}_{M,1}, ..., \boldsymbol{X}_{M,n})'$ とし、OLS 推定量を $\hat{\boldsymbol{\beta}}_M = (\boldsymbol{X}_M'\boldsymbol{X}_M)^{-1}\boldsymbol{X}_M'\boldsymbol{Y}$ とする。さらに、モデル M に含まれる共変量の数を p_M で表す。例えば、3 番目と 5 番目の共変量のみを用いる場合には、$M = \{3, 5\}$、$p_M = 2$ であり、$\boldsymbol{X}_M$ は $n \times 2$ の行列である。

候補となっているすべてのモデルの集合を $\mathcal{M}$ で表し、この中から最良のモデルを選択する。集合 $\mathcal{M}$ に属するモデルは、データの分析者の先験的な知識や分析の目的などに依存する。各々の共変量の重要性に関して、事前に何ら情報を持たないならば、すべての共変量について線形モデルに含めるか否かの選択肢が存在する。その場合、$\mathcal{M}$ には 2^p 個のモデルが存在することとなる。通常は定数項などのいくつかの変数は必ずモデルに含むよう事前に決めておくであろうから、実際の候補のモデルの数は 2^p よりは少ないであろう。

変数選択の目的はいくつか考えられるが、メインの目的は応答変数の良い予測を与えるモデルを選ぶことである[2]。そこで、次のような標本内（in-sample）予測誤差

$$\mathrm{Err_{in}}(M) = \mathbb{E}\left[\frac{1}{n}\|\widetilde{\boldsymbol{Y}} - \boldsymbol{X}_M\hat{\boldsymbol{\beta}}_M\|^2 \,\Big|\, \boldsymbol{X}, \boldsymbol{Y}\right]$$
$$= \frac{1}{n}\sum_{i=1}^{n}\mathbb{E}[(\widetilde{Y}_i - \hat{\mu}_M(\boldsymbol{X}_i))^2 \,|\, \boldsymbol{X}, \boldsymbol{Y}] \tag{2.3}$$

もしくはその期待値

$$\mathrm{ErrS}(M) = \mathbb{E}[\mathrm{Err_{in}}(M)] = \mathbb{E}\left[\frac{1}{n}\|\widetilde{\boldsymbol{Y}} - \boldsymbol{X}_M\hat{\boldsymbol{\beta}}_M\|^2\right] \tag{2.4}$$

で予測の精度を評価する。ただし、$\hat{\mu}_M(\cdot)$ はモデル M から推定された回帰関数を表し、$\hat{\mu}_M(\boldsymbol{X}_i) = \boldsymbol{X}_{M,i}'\hat{\boldsymbol{\beta}}_M$ である。また、$\widetilde{\boldsymbol{Y}} = (\widetilde{Y}_1, ..., \widetilde{Y}_n)'$ は $\boldsymbol{X}$ を条件とした下で $\boldsymbol{Y}$ と独立でかつ同一の分布に従う確率変数のベクトルである。つまり、

2）線形回帰モデルにおいては、どの変数を使うかを選ぶことと、どの線形モデルを使うかを選ぶかは同じことなので、モデル選択という言葉と変数選択という言葉を特に区別せずに使う。

e と独立で同一の分布に従う $\bar{e}$ が存在して、$\tilde{Y}$ は

$$\tilde{Y} = \mu + \bar{e}$$

と表される。ここでの「標本内」という言葉の意味は、標本と同じ共変量 $X_1, ... X_n$ を用いて、対応する応答変数 $\tilde{Y}_1, ..., \tilde{Y}_n$ の予測をするという意味である[3]。

　予測対象が Y ではなく $\tilde{Y}$ となっているのは、予測モデルの推定にすでに Y が用いられているためである。Y を予測対象とすると、既知の対象を予測することになってしまい、いくらでも良い予測を与えるモデルを作れてしまう。予測において重要なのは、すでに観測されたデータの挙動をよく説明できることではなく、まだ観測されていない未知の対象を予測できることである。

　条件付期待値(2.3)式の期待値は $\tilde{Y}$ についてとられているのに対し、期待値(2.4)式は $\{\tilde{Y}, Y, X\}$ についてとられている。この 2 つの期待値の違いは、前者は標本である $\{X, Y\}$ に条件付けているので、与えられた標本の下での予測モデルの平均的な予測誤差を表している。一方後者は、仮に何度も標本が得られたとして、同じモデルを使い続けた場合の予測誤差の平均を表している。よって、前者を最小にするモデルは標本ごとにランダムに変動するが、後者を最小にするモデルは非確率的である。

　なお、$\mathrm{Err}_{\mathrm{in}}(M)$ を最小にするモデルは、

$$L(M) = \frac{1}{n} \|\mu - X_M \hat{\beta}_M\|^2$$

を最小にするモデルとも同じである。なぜなら、両者の間には

3）in-sample という表現や $\mathrm{Err}_{\mathrm{in}}$ という記号は、Hastie et al.（2009）で採用されているものである。一方、ErrS という記号は Rosset and Tibshirani（2020）に倣っている。標本と同じ共変量を予測にも用いることから、Rosset and Tibshirani（2020）ではこのような設定を Same-X の設定と呼んでいる。Same-X の設定では、共変量を確率変数として扱っているものの、実質的には fixed design の枠組みで予測問題を考えている。このような設定が妥当であるかどうかは、2.5 節で考察する。

$$\mathrm{Err}_{\mathrm{in}}(M) = \mathbb{E}\left[\frac{1}{n}\|(\widetilde{\boldsymbol{Y}} - \boldsymbol{\mu}) + (\boldsymbol{\mu} - \boldsymbol{X}_M\hat{\boldsymbol{\beta}}_M)\|^2\,\big|\,\boldsymbol{X}, \boldsymbol{Y}\right]$$
$$= \sigma^2 + L(M)$$

という関係が成り立ち、モデルに依存しない定数である σ^2 の違いしかないからである。$L(M)$ をモデル M の L_2 損失（loss）、あるいは単に損失と呼ぶ。予測よりも回帰関数の推定により関心がある場合は、損失やその期待値であるリスク（risk）に注目する。

📈2.2 推定された予測誤差に基づく変数選択

応答変数の良い予測を得るための変数選択の方法を考察する。そのために、ErrS(M) を推定し、推定値を最も小さくするモデルを選択するという方針を取ることにする。

最もシンプルな (2.4) 式の推定量は

$$\overline{\mathrm{err}}(M) = \frac{1}{n}\|\boldsymbol{Y} - \boldsymbol{X}_M\hat{\boldsymbol{\beta}}_M\|^2 \tag{2.5}$$

であろう。観測されない $\widetilde{\boldsymbol{Y}}$ を観測される $\boldsymbol{Y}$ で置き換えており、これは残差 2 乗和をサンプルサイズで割ったものに等しい。(2.5) 式を最小にするようにモデルを選ぶと、もし最大のモデルである $\{1, \ldots p\}$ が $\mathcal{M}$ に含まれているならば、必ずこのモデルが選ばれてしまう。

すべての変数を予測に用いることが常に悪いわけではないが、サンプルサイズが小さいときにあまり多くの変数を使うと、過学習やオーバーフィッティングと呼ばれる問題を引き起こす。残差 2 乗和を小さくするということは、観測されたデータにできるだけフィットするモデルを構築するということを意味するが、過剰にフィットするモデルを構築してしまうと、実現したデータのみに固有の本質的ではない特徴を過剰に捉えてしまう。その結果、まだ実現していない未知のデータの振る舞いをうまく説明することができなくなってしまうのである。

　オーバーフィッティングの問題は、次のように L_2 損失の条件付期待値を分解することでも理解できる。

$$\mathbb{E}[L(M)\,|\,\boldsymbol{X}] = \frac{1}{n}\|\boldsymbol{\mu}-\boldsymbol{H}_M\boldsymbol{\mu}\|^2+\frac{\sigma^2 p_M}{n}$$

この分解は、1.1.2 項で考察した MSE の分解に似ている。$\boldsymbol{H}_M$ は射影行列で、$\boldsymbol{H}_M = \boldsymbol{X}_M(\boldsymbol{X}_M'\boldsymbol{X}_M)^{-1}\boldsymbol{X}_M'$ で与えられる。右辺第 1 項の $\boldsymbol{\mu}-\boldsymbol{H}_M\boldsymbol{\mu}$ は、$\boldsymbol{\mu}$ を $\boldsymbol{X}_M$ の列ベクトルが張る空間に射影した射影残差を表している。第 1 項は回帰関数の過小定式化から生じるバイアス（の 2 乗）を表していると解釈され、モデルに変数を追加すればするほど小さくなる。また、モデル M が正しく定式化されているならば、この項は 0 になる。一方、第 2 項は推定量の分散を表していると解釈され、変数を追加するほど大きくなる。直感的な説明としては、モデルに含まれる変数が多いほど推定しなければならないパラメータが増えるため、OLS 推定量の推定精度が悪くなり分散が大きくなる。モデルに含まれる変数が増えるにつれ、バイアスの減少具合は徐々に鈍化し、いずれは分散がバイアスよりもはるかに大きくなる。そのため、すべての変数を使うことは必ずしも望ましくない。予測誤差の小さいモデルを選ぶには、バイアスと分散のバランスを取るように変数選択を行うことが重要である。

2.2.1　Mallows の C_p と Stein の SURE

　ErrS(M) の推定に $\overline{\mathrm{err}}(M)$ を用いることが不適切なのは、$\overline{\mathrm{err}}(M)$ がバイアスを持つ推定量であるためである。(2.5)式を展開すると

$$\overline{\mathrm{err}}(M) = L(M)+\frac{1}{n}\boldsymbol{e}'\boldsymbol{e}+\frac{2}{n}\boldsymbol{e}'\boldsymbol{\mu}-\frac{2}{n}\boldsymbol{e}'\boldsymbol{X}_M\hat{\boldsymbol{\beta}}_M \tag{2.6}$$

となるので、両辺の期待値をとると

$$\mathbb{E}\big[\overline{\mathrm{err}}(M)\big] = \mathrm{ErrS}(M)-\frac{2}{n}\mathbb{E}[\boldsymbol{e}'\boldsymbol{X}_M\hat{\boldsymbol{\beta}}_M]$$

となる。また、計算は省略するが

$$\mathbb{E}[e' X_M \hat{\beta}_M] = \sigma^2 p_M$$

となることが示される。よって、期待値で見ると、$\overline{\mathrm{err}}(M)$ は $\mathrm{ErrS}(M)$ を $2\sigma^2 p_M/n$ だけ過小に評価しており、過小評価の度合いはモデルに含まれる変数の数が多いほど大きくなる。$\mathrm{Err_{in}}(M)$ と $\overline{\mathrm{err}}(M)$ の差、あるいはその期待値は、オプティミズム（optimism）と呼ばれることもある（Efron 1986 など）。

　上記の結果から、$\overline{\mathrm{err}}(M)$ のバイアスを補正をしてやれば、変数選択の基準として用いることができると考えられる。このようなアイデアに基づいているのが、Mallows の C_p 基準（Mallows 1973）である。C_p 基準は次のように与えられる。

$$C_p(M) = \overline{\mathrm{err}}(M) + \frac{2\sigma^2 p_M}{n}$$

右辺第 2 項がバイアス修正項である。両辺の期待値をとれば、

$$\mathbb{E}[C_p(M)] = \mathrm{ErrS}(M)$$

が成り立つ。つまり、$C_p(M)$ は $\mathrm{ErrS}(M)$ の不偏推定量になっている。ただし、C_p 基準には未知パラメータ σ^2 が含まれているため、何らかの方法で推定する必要がある。候補となっている各モデルについて C_p を計算し、最小値を達成するモデルを選択する。

　本章では OLS によって回帰関数を推定するケースしか考察していないが、一般の回帰関数の推定量 $\hat{\mu}$ について、オプティミズムを以下のように共分散を用いて表すことができる（Efron 2004；Rosset and Tibshirani 2020 など）。

$$\begin{aligned}
\mathrm{Opt} &\equiv \mathbb{E}\left[\frac{1}{n} \sum_{i=1}^{n} (\tilde{Y}_i - \hat{\mu}(X_i))^2 - \frac{1}{n} \sum_{i=1}^{n} (Y_i - \hat{\mu}(X_i))^2 \right] \\
&= \frac{2}{n} \sum_{i=1}^{n} \mathbb{E}[\mathrm{Cov}[Y_i, \hat{\mu}(X_i) \,|\, X]]
\end{aligned} \tag{2.7}$$

よって、

$$\frac{1}{n}\sum_{i=1}^{n}(Y_i-\hat{\mu}(\boldsymbol{X}_i))^2+\frac{2}{n}\sum_{i=1}^{n}\mathbb{E}[\mathrm{Cov}[Y_i,\hat{\mu}(\boldsymbol{X}_i)\,|\,\boldsymbol{X}]]$$

により、ErrS の不偏推定量を得ることができる。共分散を加えることが過剰にフィットするモデルを用いることに対してペナルティーを与える働きをするため、共分散罰則（covariance penalty）とも呼ばれる。

（2.7)式の共分散は、いくつかの特殊ケースにおいては明示的に求められる。まず、$\hat{\mu}=\hat{\mu}_M$（OLS 推定量）の場合には、$\sum_{i=1}^{n}\mathrm{Cov}[Y_i,\hat{\mu}_M(\boldsymbol{X}_i)\,|\,\boldsymbol{X}]=\sigma^2 p_M$ が成り立つ。よって、共分散罰則により求められる ErrS の推定量は、C_p 基準と一致する。また、$\boldsymbol{X}$ が非確率的で $\boldsymbol{Y}\sim N(\boldsymbol{\mu},\sigma^2\boldsymbol{I})$ のときには

$$\mathrm{Cov}[Y_i,\hat{\mu}(\boldsymbol{X}_i)]=\sigma^2\mathbb{E}\left[\frac{\partial\hat{\mu}(\boldsymbol{X}_i)}{\partial Y_i}\right]$$

が成り立つことが知られている。ただし、$\boldsymbol{I}$ は単位行列である。これを Stein の公式と呼ぶこともある（Stein 1981）。この結果を用いれば、ErrS の推定量

$$\frac{1}{n}\sum_{i=1}^{n}(Y_i-\hat{\mu}(\boldsymbol{X}_i))^2+\frac{2\sigma^2}{n}\sum_{i=1}^{n}\frac{\partial\hat{\mu}(\boldsymbol{X}_i)}{\partial Y_i} \tag{2.8}$$

が得られ、(2.8)式は SURE（Stein's unbiased risk estimator）と呼ばれる。より正確には、SURE はその名のとおり、リスクの推定のために使われる方法であるが、予測誤差の推定とリスクの推定は本質的に同じなので、ここでは特に両者を区別しない。

2.2.2　交差検証法

　残差 2 乗和（あるいは $\overline{\mathrm{err}}(M)$）を基に変数選択をすることの問題点は、モデルの推定に用いる観測値と予測精度の評価に用いる観測値を区別していないところにあるとも言える。残差 $Y_i-\boldsymbol{X}_i'\hat{\boldsymbol{\beta}}_M$ はモデル M を基に Y_i の値を予測したときの予測誤差と考えることもできるが、モデルの推定のために観測値 $(Y_i,\boldsymbol{X}_i)$ を用いているため、すでに知っている予測対象を予測していることになる。そのため、共変量の数を増やせばいくらでも良い予測を与えるモデルを

作れるのだが、それはすでに観測された観測値によく当てはまるモデルであって、実現していない未知の対象を予測できるモデルではない。

　交差検証法（cross-validation）は、推定に用いる観測値と予測精度の評価に用いる観測値を分けることでモデルの予測性能を適切に評価し、オーバーフィッティングを回避する方法である。交差検証法にはいくつかの種類がある。一個抜き（leave-one-out）交差検証法は、次のような基準を最小にするようなモデル M を選択する。

$$\mathrm{CV_{LOO}}(M) = \frac{1}{n} \sum_{i=1}^{n} (Y_i - \boldsymbol{X}'_{M,i} \hat{\boldsymbol{\beta}}_{M,(-i)})^2$$

ただし、

$$\hat{\boldsymbol{\beta}}_{M,(-i)} = \left(\sum_{j \neq i} \boldsymbol{X}_{M,j} \boldsymbol{X}'_{M,j} \right)^{-1} \sum_{j \neq i} \boldsymbol{X}_{M,j} Y_j$$

は i 番目の観測値を除く $n-1$ 個の観測値を用いて求められた OLS 推定量を表す。Y_i の予測値である $\boldsymbol{X}'_{M,i} \hat{\boldsymbol{\beta}}_{M,(-i)}$ を求めるのに Y_i の情報を用いていないので、モデルの予測性能を適切に評価することができる。

　一個抜き交差検証法の別の解釈として、C_p 基準と同じように ErrS の近似的に不偏な推定量を求めていると考えることもできる。(2.6) 式と同じように $\mathrm{CV_{LOO}}(M)$ を展開をすれば

$$\mathrm{CV_{LOO}}(M) = \frac{1}{n} \sum_{i=1}^{n} (\mu(\boldsymbol{X}_i) - \boldsymbol{X}'_{M,i} \hat{\boldsymbol{\beta}}_{M,(-i)})^2 + \frac{1}{n} \boldsymbol{e}' \boldsymbol{e} + \frac{2}{n} \boldsymbol{e}' \boldsymbol{\mu}$$
$$- \frac{2}{n} \sum_{i=1}^{n} e_i \boldsymbol{X}'_{M,i} \hat{\boldsymbol{\beta}}_{M,(-i)}$$

となる。右辺第 1 項は、$\hat{\boldsymbol{\beta}}_M$ と $\hat{\boldsymbol{\beta}}_{M,(-i)}$ に大きな差がなければ、$L(M)$ とほぼ同じである。(2.6) 式との重要な違いは第 4 項で、この期待値を求めると

$$\mathbb{E} \left[\sum_{i=1}^{n} e_i \boldsymbol{X}'_i \hat{\boldsymbol{\beta}}_{M,(-i)} \right] = 0$$

となる。よって、$\mathbb{E}[\mathrm{CV_{LOO}}(M)] \approx \mathrm{ErrS}(M)$ が成り立つ。C_p ではバイアスを解析的に求めることでバイアス補正を行っているのに対し、一個抜き交差検証法では予測対象の観測値を推定から外すことでバイアス補正を行っていると考え

ることができる。

　一個抜き交差検証法の他には、K 分割（k-fold）交差検証法もよく用いられる。K 分割交差検証法の手順は以下のとおりである。まず、標本 $\{(Y_i, \boldsymbol{X}_i)\}_{i=1}^n$ を K 個のデータの集合にランダムに分割する。I_k を k 番目の集合に属する観測値を表す集合とし、$\{1, ..., n\}$ の部分集合として表す。$I_1, ..., I_K$ は互いに素で、$\bigcup_{k=1}^K I_k = \{1, ..., n\}$ を満たす。次に、各 M と k について

$$\hat{\boldsymbol{\beta}}_{M,(-I_k)} = \left(\sum_{i \notin I_k} \boldsymbol{X}_{M,i} \boldsymbol{X}'_{M,i} \right)^{-1} \sum_{i \notin I_k} \boldsymbol{X}_{M,i} Y_i$$

を求める。すなわち、$\hat{\boldsymbol{\beta}}_{M,(-I_k)}$ は $i \in I_k$ である観測値を除いた標本から求められた OLS 推定量である。最後に

$$\mathrm{CV}_K(M) = \frac{1}{K} \sum_{k=1}^K \sum_{i \in I_k} (Y_i - \boldsymbol{X}'_{M,i} \hat{\boldsymbol{\beta}}_{M,(-I_k)})^2$$

を最小にする M を選択する。標本の大きさにもよるが、通常 K は 5 から 10 程度である。望ましい分割の数に関する議論については、Hastie et al.（2009）や Arlot and Celisse（2010）などを参照されたい。特殊ケースとして、$K = n$ とすると、一個抜き交差検証法と一致する。

　一個抜き交差検証法は、各モデルについてサンプルサイズと同じ回数だけ回帰関数を推定しなければならないので、計算負荷が高いようであるが、一個抜き交差検証法の簡単な計算方法が知られている。計算方法は以下のとおりである。射影行列 $\boldsymbol{H}_M$ の i 番目の対角成分を $h_{M,ii} = \boldsymbol{X}'_{M,i}(\boldsymbol{X}'_M \boldsymbol{X}_M)^{-1} \boldsymbol{X}_{M,i}$ とすると

$$\hat{\boldsymbol{\beta}}_{M,(-i)} = \hat{\boldsymbol{\beta}}_M - \frac{1}{1 - h_{M,ii}} (\boldsymbol{X}'_M \boldsymbol{X}_M)^{-1} \boldsymbol{X}_{M,i}(Y_i - \boldsymbol{X}'_{M,i} \hat{\boldsymbol{\beta}}_M)$$

が成り立つことが知られている[4]。これより、

4）例えば、Hansen（2022a）の 3 章を参照。$h_{M,ii}$ は i 番目の観測値 $\boldsymbol{X}_{M,i}$ のレバレッジ（leverage）と呼ばれることもある。レバレッジは 0 から 1 の間の値をとり、1 に近い観測値ほど、その観測値を用いた場合と用いなかった場合で、OLS 推定値が大きく変化する。

$$Y_i - \boldsymbol{X}'_{M,i}\hat{\boldsymbol{\beta}}_{M,(-i)} = \frac{Y_i - \boldsymbol{X}'_{M,i}\hat{\boldsymbol{\beta}}_M}{1 - h_{M,ii}}$$

となるので

$$\mathrm{CV}_{\mathrm{LOO}}(M) = \frac{1}{n}\sum_{i=1}^{n}\left(\frac{Y_i - \boldsymbol{X}'_{M,i}\hat{\boldsymbol{\beta}}_M}{1 - h_{M,ii}}\right)^2 \tag{2.9}$$

が成り立つ。OLS 推定量 $\hat{\boldsymbol{\beta}}_M$ はすべての観測値を用いたものなので、モデル M を一度 OLS で推定するだけで、$\mathrm{CV}_{\mathrm{LOO}}(M)$ が求められることがわかる。また、(2.9)式を

$$\mathrm{GCV}(M) = \frac{1}{n}\sum_{i=1}^{n}\left(\frac{Y_i - \boldsymbol{X}'_{M,i}\hat{\boldsymbol{\beta}}_M}{1 - p_M/n}\right)^2$$

によって近似した方法を、一般化交差検証法（generalized cross-validation）と呼ぶ（Craven and Wahba 1979）。

📈 2.3 情報量規準

2.3.1 一般のモデルの AIC と BIC

次に、代表的なモデル選択の方法として、赤池情報量規準（AIC：Akaike 1973）とベイズ情報量規準（BIC：Schwarz 1978）という 2 つの情報量規準（information criterion）に基づく方法を紹介する[5]。

AIC と BIC は有限次元の未知パラメータを除いてデータの分布が既知のモデルについて考案されたモデル選択の基準である。パラメータのベクトルを $\boldsymbol{\theta}$ とする対数尤度関数が $l_n(\boldsymbol{\theta})$ で与えられているとき、AIC と BIC はそれぞれ

$$\mathrm{AIC} = -2l_n(\hat{\boldsymbol{\theta}}) + 2\mathrm{dim}(\boldsymbol{\theta}) \tag{2.10}$$

5）「規準」と「基準」は英語にすればどちらも "criterion" であるが、日本の情報量規準の研究グループの習わしに従って、情報量規準については「規準」を用いることにする。

$$\mathrm{BIC} = -2l_n(\hat{\boldsymbol{\theta}}) + \log(n)\dim(\boldsymbol{\theta}) \tag{2.11}$$

で定義される。ただし、$\hat{\boldsymbol{\theta}}$ は最尤推定量であり、$\dim(\boldsymbol{\theta})$ はベクトル $\boldsymbol{\theta}$ の次元、つまり、モデルに含まれる未知パラメータの数を表す。AIC や BIC に基づくモデル選択では、候補となるそれぞれのモデルについて AIC や BIC を計算し、それらを最小にするモデルを望ましいモデルとして選択する。

　ちなみに、本書では (2.10) 式と (2.11) 式をそれぞれ AIC と BIC の定義として採用するが、これらの符号を変えたものを AIC や BIC の定義とするものもある（Claeskens and Hjort 2008 など）。その場合は当然だが、AIC や BIC を最大にするモデルを選ぶ。また、モデル選択のためには、モデル間での情報量規準の相対的な大小関係のみが重要で、AIC や BIC の値そのものには興味がない。AIC や BIC を定数倍したり、モデルに依存しない定数を加えても、モデル選択の結果には影響を与えない。

　これまで考察してきたモデル選択の基準と同様に、AIC と BIC もモデルのフィットの良さと複雑さのトレードオフを考慮して、バランスの良いモデルを選択するように構成されている。AIC と BIC の第 1 項は最大対数尤度を -2 倍したものであり、この値が小さいほど（つまり尤度の値が大きいほど）観測されたデータに対するモデルのフィットが良いと解釈される。しかし、フィットの良さだけでモデルを選んでしまうと、オーバーフィッティングが生じる恐れがある。そのような問題を回避するために、(2.10) 式と (2.11) 式の第 2 項が存在する。AIC と BIC の第 2 項は罰則項（penalty term）などと呼ばれる。なぜなら、これらはモデルに含まれるパラメータの数が多くなるほど大きな値になり、複雑なモデルを使うことに対するペナルティーであると解釈されるからである。この罰則項の存在により、モデルのフィットの良さと複雑さのバランスを取り、オーバーフィッティングの問題を回避することができる。

　なお、AIC と BIC は対数尤度にアドホックに罰則項を付けたものではなく、どちらも理論的に導出されたものである。また、両者は似た形をしているものの、導出の背後にある思想は全く異なる。AIC はデータを発生させた真の分布と最尤法で推定された分布を比較して、それらの分布間の Kullback-Leibler 情報量（ある種の距離のようなもの）を最小にするようなモデルを選択するこ

とを意図している。Kullback-Leibler 情報量に基づいてモデルの評価を行うことから、「情報量」規準と呼ばれる。AIC と同じアイデアに基づいて導出されたものとしては、他にも竹内情報量規準（竹内 1976）や一般化情報量規準（Konishi and Kitagawa 1996）などがある。一方、BIC はその名のとおりベイズ的な考え方に基づいており、モデルの事後確率を最大にするようなモデルを選択することを意図している[6]。AIC と BIC の導出方法については、小西・北川（2004）などを参照されたい。

2.3.2 線形回帰モデルの AIC と BIC

さて、現在我々が興味があるのは、線形回帰モデルの変数選択である。しかし、先述のとおり、AIC と BIC を用いるには尤度関数が必要である。そこで、モデル M を

$$\boldsymbol{Y} = \boldsymbol{X}_M \boldsymbol{\beta}_M + \boldsymbol{u}_M$$

と表し、回帰誤差について次のような分布の仮定を置くことにする。

$$\boldsymbol{u}_M \mid \boldsymbol{X}_M \sim N(\boldsymbol{0}, \sigma_M^2 \boldsymbol{I})$$

このとき、モデル M の対数尤度は

$$l_n(\boldsymbol{\theta}_M) = -\frac{n}{2}\log(2\pi\sigma_M^2) - \frac{1}{2\sigma_M^2}\|\boldsymbol{Y} - \boldsymbol{X}_M \boldsymbol{\beta}_M\|^2$$

で与えられる。ただし、$\boldsymbol{\theta}_M = (\boldsymbol{\beta}_M', \sigma_M^2)'$ である。ここで、$\boldsymbol{\beta}_M$ の最尤推定量は OLS 推定量 $\hat{\boldsymbol{\beta}}_M$ と等しく、σ_M^2 の最尤推定量は

$$\hat{\sigma}_M^2 = \frac{1}{n}\|\boldsymbol{Y} - \boldsymbol{X}_M \hat{\boldsymbol{\beta}}_M\|^2$$

であることから、

6）Kullback-Leibler 情報量に基づく評価方法のみを情報量規準と呼ぶ人たちもおり、それらの人たちはベイズ情報量規準とは呼ばず、ベイズ型評価基準などと呼ぶ。

$$-2l_n(\hat{\boldsymbol{\theta}}_M) = n\log(\hat{\sigma}_M^2) + n\log(2\pi) + n$$

が得られる。上式の右辺第 2 項と第 3 項はモデルには依存しない定数なので、無視しても問題ない。AIC や BIC にモデルに依存しない定数を足したり定数倍したりしてもモデル間の相対的な順位は変化しないので、線形回帰モデルの AIC と BIC として、次のものがよく用いられる。

$$\mathrm{AIC}(M) = \log(\hat{\sigma}_M^2) + \frac{2p_M}{n}$$

$$\mathrm{BIC}(M) = \log(\hat{\sigma}_M^2) + \frac{\log(n)\,p_M}{n}$$

このように、線形回帰モデルの AIC と BIC は回帰誤差が正規分布に従うという仮定の下で得られるのだが、応用上は誤差の分布は特に気にせず用いられることが多い。また、AIC や BIC が 2.4 節で説明する望ましい性質を満たすためには、正規性の仮定は必要ない。

　AIC と BIC で必ずしも同じモデルが選択されるとは限らない。BIC の方が罰則項が大きいので、より共変量の数が少ないモデルを選ぶ傾向にある。では、どちらの結果を優先すべきなのであろうか。AIC と BIC には互いに異なる理論的な裏付けがあり、どちらを望ましいと考えるかは変数選択の目的に依存する。この点についても 2.4 節で解説する。

　ちなみに、AIC と C_p 基準では、似たようなモデルが選ばれる傾向にある。もし、$\hat{\sigma}_M^2/\sigma^2$ が 1 に近い値であれば

$$\sigma^2(\mathrm{AIC}(M) - \log\sigma^2 + 1) = \sigma^2\left(\log\left(\frac{\hat{\sigma}_M^2}{\sigma^2}\right) + 1\right) + \frac{2\sigma^2 p_M}{n}$$

$$\approx \sigma^2\frac{\hat{\sigma}_M^2}{\sigma^2} + \frac{2\sigma^2 p_M}{n} = C_p(M)$$

が成り立つためである。上式の左辺を最小にするモデルは AIC を最小にするモデルと等しいので、AIC を最小にすることと C_p を最小にすることはほぼ同じであることがわかる。

📈2.4 変数選択の一致性と漸近最適性

　本章では主として、予測の観点から変数選択の方法を考察しているが、先行研究では変数選択には大きく分けて2つの目的があるとされている。ひとつは、これまでどおり応答変数の最も良い予測をもたらすモデルを選ぶことであり、もうひとつは、最も簡潔な正しいモデルを選ぶことである。本章で紹介した方法では、BIC は後者の目的に適しており、その他の方法は前者の目的に適している。本節では、それぞれの変数選択の方法がいかなる意味でこれらの目的を達成するのかを考察する。

　BIC の性質について述べるためにまず、「最も簡潔な正しいモデル」という言葉の意味について明らかにしておく。仮に $\mu(\boldsymbol{X}_i) = X_{i1} + 3X_{i2} + 4X_{i5}$ という関係が成り立っているとしよう。すると、$\{1, 2, 3, 4, 5\}$ も $\{1, 2, 3, 5\}$ も $\{1, 2, 5\}$ も正しいモデルである。なぜなら、X_{i3} と X_{i4} の係数を0とすれば、真の回帰関数を表現できるからである。しかし、$\{1, 2, 3, 4, 5\}$ と $\{1, 2, 3, 5\}$ は冗長な変数を含んでおり、$\{1, 2, 5\}$ が正しいモデルの中で最も簡潔なモデルということになる[7]。

　線形回帰モデル(2.2)式は正しく定式化されているとし、正しいモデルのうち変数の数が最も少ないモデルを M_0 で表すことにする。また、$M_0 \in \mathcal{M}$ であるものとする。このとき、BIC によって選択されるモデルを $\hat{M}_{\mathrm{BIC}} = \arg\min_{M \in \mathcal{M}} \mathrm{BIC}(M)$ とすると、一定の条件の下で、$n \to \infty$ のとき

$$P(\hat{M}_{\mathrm{BIC}} = M_0) \to 1$$

が成り立つ。このような性質を、変数選択あるいはモデル選択の一致性（consistency）と言う。一致性が成り立つならば、標本が十分大きければ、高い確率で M_0 を選択することができる。ちなみに、AIC によって選択されるモデルを $\hat{M}_{\mathrm{AIC}}$ とすると、$P(M_0 \subset \hat{M}_{\mathrm{AIC}}) \to 1$ を満たすが、必ずしも最小のモデルが選ばれるとは限らない。つまり、AIC で選ばれたモデルは漸近的には必要な変

7）最も簡潔なモデルを、英語では most parsimonious model と言う。

数を選ぶが、冗長な変数も選ぶ可能性がある。

　一致性の議論は線形回帰モデルが正しく定式化されていなければ意味がないが、線形回帰モデルが正しく定式化されているというのはかなり強い仮定である。一方で、応答変数の予測精度、あるいは回帰関数の推定精度でモデルを比較する場合には、候補となっているすべてのモデルの定式化が誤っていたとしても特に問題はない。そこで設定を変えて、今度は $\mathcal{M}$ の中には正しく定式化されたモデルが存在しないものとする。C_p 基準を用いて選ばれたモデルを $\hat{M}_{C_p} = \arg\min_{M \in \mathcal{M}} C_p(M)$ とすると、Li（1987）は適当な条件の下で、$n \to \infty$ のとき

$$\frac{L(\hat{M}_{C_p})}{\min_{M \in \mathcal{M}} L(M)} \xrightarrow{p} 1 \tag{2.12}$$

が成り立つことを示している[8]。(2.12)式の分母は候補のモデルの中で到達しうる最小の L_2 損失を表しており、C_p によって選ばれるモデルの損失は、最良のモデルの損失と漸近的に同等であることを意味している。このような性質を、変数選択あるいはモデル選択の漸近最適性（asymptotic optimality）と言う。$L(M)$ を最小にすることと $\mathrm{Err}_{\mathrm{in}}(M)$ を最小にすることは同じなので、C_p を使えば予測の意味でも良いモデルを選択できる。AIC や一個抜き交差検証法も同様の性質を満たすが、BIC はこの性質を満たさない。漸近最適性が満たされるための条件については、例えば Shao（1997）を参照されたい。

　ちなみに、漸近最適性は変数選択法の良さを必ずしも保証しないと考える人たちもいる。その理由のひとつは、(2.12)式の損失の比が有限標本でどれくらい 1 に近いかは、真の回帰関数に依存するためである。損失はモデル M のみならず、真の回帰関数 μ にも依存する。そのため例えば、μ_1 と μ_2 という 2 つの回帰関数があるとして、真の回帰関数が μ_1 のときには小さいサンプルサイズでも比が 1 に近い一方で、真の回帰関数が μ_2 のときには大きなサンプルでも比が 1 よりかなり大きいということが起こりうるのである。これは、(2.12)

8）厳密に言えば、Li（1987）は共変量が定数（X が非確率的）のケースで(2.12)式を示しているが、共変量が確率変数のケースでも同様の結果を示すことは可能である。

式が真の回帰関数について各点での収束しか考慮していないためである。様々なデータ生成過程について変数選択法がうまく機能するためには、同じサンプルサイズの下で、どのような回帰関数についても一様に、(2.12)式の比が1に近いことが必要である[9]。

📈2.5 その他のモデル評価基準

ここまでは、(2.3)式や(2.4)式が小さいモデルを望ましい予測モデルとして考えてきた。2.1節で説明したとおり、(2.3)式と(2.4)式は標本と同じ評価点 $X_1, ..., X_n$ において、対応する応答変数 $\tilde{Y}_1, ..., \tilde{Y}_n$ を予測した場合の予測誤差を表している。このような予測パフォーマンスの評価指標は統計学や計量経済学で長らく用いられてきたものではあるが、その妥当性については近年議論がある。

どのような指標で予測誤差を評価すべきであるかは、サンプリングの枠組みにも依存する。固定された共変量の下で応答変数をサンプリングする（つまり fixed design）という想定の下では、$\mathrm{Err}_{\mathrm{in}}$ を最小にするモデルを探すことは意味がある。しかし、応答変数とともに共変量もランダムに母集団から抽出される状況（つまり random design）において、すでに実現した $X_1, ..., X_n$ に対応する応答変数の良い予測値を得ることに、果たしてどれだけの意味があるかは疑問である。むしろ本当に興味があるのは、標本には含まれないが同じ母集団から新しくランダムに得られた共変量 X_{n+1} に対して、対応する応答変数 Y_{n+1} の値を予測することかもしれない。そうであれば、標本外（extra-sample）予測誤差である

$$\mathrm{Err}_{XY}(M) = \mathbb{E}[(Y_{n+1} - \hat{\mu}_M(X_{n+1}))^2 \,|\, X, Y] \tag{2.13}$$

あるいはその期待値

9）AIC は、minimax-rate と呼ばれるある種の一様性を考慮した評価指標を用いても、優れた性質を満たすことが知られている。興味があれば Yang（2005）を参照されたい。

$$\mathrm{ErrR}(M) = \mathbb{E}[\mathrm{Err}_{XY}(M)] = \mathbb{E}[(Y_{n+1} - \hat{\mu}_M(\boldsymbol{X}_{n+1}))^2] \tag{2.14}$$

をモデルの評価指標として用いる方が適切であろう[10]。これらは機械学習でいうところの、汎化誤差に相当するものである。(2.13) 式の期待値は $\{Y_{n+1}, \boldsymbol{X}_{n+1}\}$ についてとられているのに対し、(2.14) 式の期待値は $\{Y_{n+1}, \boldsymbol{Y}, \boldsymbol{X}_{n+1}, \boldsymbol{X}\}$ についてとられている。

　一個抜き交差検証法を用いれば、$\mathrm{ErrR}(M)$ についてもほぼ不偏な推定量が得られる一方で、C_p 基準は (2.14) 式の不偏推定量にはなっていない。Rosset and Tibshirani（2020）では、ErrR の推定のための修正された C_p 基準を提案している。

📈2.6 変数選択後の統計的推測の問題

　これまでは主として予測の観点から、いくつかの変数選択法について考察してきたが、線形回帰モデルを用いる場合には、限界効果の統計的推測も重要な問題である。そこで本節では、変数選択を行うことが限界効果の統計的推測にどのような影響を与えるかについて考察する。

　おそらくほとんどの実証研究では、データ依存的な方法で選ばれたモデルをあたかもあらかじめ与えられた正しいモデルであるかのように扱って、統計的推測が行われている。このような推論方法は、厳密に言えば正しい方法ではない。なぜなら、どのような方法で変数選択を行うにせよ、それが標本に基づいている限りは、選ばれるモデルは標本の実現値に依存してランダムに変化するからである。古典的な統計的推測の理論は、あらかじめ正しいモデルが与えられているという前提の下で構築されている。変数選択は推測理論では考察されていない不確実性を推論に導入し、その不確実性を無視すると不適切な結果をもたらす。

---

10) extra-sample という呼び方や $\mathrm{Err}_{XY}(M)$ という記号も、Hastie et al.（2009）に倣っている。また、ErrR という記号は Rosset and Tibshirani（2020）から採用している。予測評価に用いる観測値（$Y_{n+1}, \boldsymbol{X}_{n+1}$）が母集団からランダムに抽出されることから、Rosset and Tibshirani（2020）ではこのような設定を Random-X の設定と呼んでいる。

2.6.1 被覆確率に与える影響

本項では、変数選択の結果選ばれたモデルを用いてパラメータの信頼区間を求めると、どのような問題が起こるのかを説明する。そのため、Leeb and Pötscher（2005）の例を借用する。

ある (β_1, β_2) が存在して、Y_i は次のようなデータ生成過程から得られるものとする。

$$Y_i = \beta_1 X_{i1} + \beta_2 X_{i2} + e_i \tag{2.15}$$

単純化のため、X_{i1} と X_{i2} は非確率的で、$e_i \sim N(0, \sigma^2)$ としておく。また σ^2 は既知とする。これらの仮定の下で、各係数の t 統計量は帰無仮説の下で標準正規分布に従う。

興味があるパラメータは β_1 のみであり、β_1 の信頼区間を構築するために、コントロール変数 X_{i2} を推定する線形回帰モデルに入れるべきかどうかを決定するという状況を考える。候補となるモデルは 2 つのみであり、それらを $M_1 = \{1\}$、$M_2 = \{1, 2\}$ とする。また、最も簡潔な正しいモデルを M_0 とする。すると、(2.15) 式の β_2 の真の値に応じて

$$M_0 = \begin{cases} M_1 & \beta_2 = 0 \text{ のとき} \\ M_2 & \beta_2 \neq 0 \text{ のとき} \end{cases}$$

が成り立つ。

モデル M_1 に基づく β_1 の $1-\alpha$ 信頼区間を $\mathrm{CI}(M_1)$、モデル M_2 に基づく $1-\alpha$ 信頼区間を $\mathrm{CI}(M_2)$ とする。もし $M_0 = M_1$ であるならば、M_2 は冗長な変数を含むので、$\mathrm{CI}(M_2)$ は $\mathrm{CI}(M_1)$ よりも区間の長さは長くなる。一方、$M_0 = M_2$ であるときに M_1 を用いてしまうと、欠落変数バイアスが生じてしまい、$\mathrm{CI}(M_1)$ は適切な信頼区間とはならない。よって、M_0 に応じて

$$\mathrm{CI}(M_0) = \begin{cases} \mathrm{CI}(M_1) & M_0 = M_1 \text{ のとき} \\ \mathrm{CI}(M_2) & M_0 = M_2 \text{ のとき} \end{cases}$$

のように信頼区間を使い分けることが可能であれば理想的である。

実際にはどちらのモデルが M_0 であるかはデータの分析者にはわからないた

め、本章で考察した方法のいずれかを用いて変数選択を行うとしよう。選ばれたモデルを $\hat{M}$ とすると、選ばれたモデルを基に信頼区間を求めるならば、β_1 の信頼区間は次のように表される。

$$
\mathrm{CI}(\hat{M}) = \begin{cases} \mathrm{CI}(M_1) & \hat{M} = M_1 \text{ のとき} \\ \mathrm{CI}(M_2) & \hat{M} = M_2 \text{ のとき} \end{cases} \tag{2.16}
$$

この信頼区間の被覆確率（coverage probability）、つまり、真の β_1 を含む確率は

$$
\begin{aligned}
P(\beta_1 \in \mathrm{CI}(\hat{M})) =\ & P(\beta_1 \in \mathrm{CI}(M_1) \mid \hat{M} = M_1) P(\hat{M} = M_1) \\
& + P(\beta_1 \in \mathrm{CI}(M_2) \mid \hat{M} = M_2) P(\hat{M} = M_2)
\end{aligned} \tag{2.17}
$$

である。ただし、$P(\beta_1 \in \mathrm{CI}(M_j) \mid \hat{M} = M_j)$ は、モデル M_j が選ばれたという条件の下で信頼区間が β_1 を含む条件付確率を表す。明らかに、(2.17) 式の確率は $1 - \alpha$ とは異なる。よって、変数選択によって選ばれたモデルをあたかもあらかじめ与えられたモデルであるかのように扱って信頼区間を求めてしまうと、信頼区間の被覆確率は意図したものとは異なるものになってしまう。信頼区間が保守的（被覆確率が $1 - \alpha$ より大きい）になるならばまだましだが、被覆確率は $1 - \alpha$ より小さくもなりうる。同じことを検定の側面から考えると、有意と判断すべきでない係数を有意と判断してしまう危険性がある。このような問題は、恣意的な方法で変数選択を行わず、統計学的に妥当な方法で変数選択を行っても生じてしまうことに注意が必要である。また、同様の問題は、t 検定や決定係数などに基づいて変数選択を行っても生じる。

2.6.2　一致性を満たす変数選択法の問題点

　ここでよく行われる主張は、一致性を満たす方法で変数選択を行えば、前項の最後のような問題を回避できるというものである。一致性を満たす方法で変数選択を行った後、選ばれたモデルを用いて β_1 を OLS で推定すると、漸近的には事前に M_0 を知っている場合の β_1 の OLS 推定量と同じ漸近分布に分布収束することが示される。なぜなら、モデル M を用いたときの β_1 の OLS 推定量を $\hat{\beta}_1(M)$ とすると、$P(\hat{M} = M_0) \to 1$ ならば

$$P(\hat{\beta}_1(\hat{M}) = \hat{\beta}_1(M_0)) \to 1$$

も成り立つからである。そのため、(2.16)式で与えられる信頼区間は、任意の (β_1, β_2) について

$$\lim_{n \to \infty} P(\beta_1 \in \mathrm{CI}(\hat{M})) = 1 - \alpha \tag{2.18}$$

を満たすことが示される。すなわち、どちらのモデルが M_0 であろうと、$\mathrm{CI}(\hat{M})$ は漸近的には信頼水準 $1 - \alpha$ の信頼区間になっている。

　上記の議論に何も間違いはないのだが、(2.18)式が成り立つことは、必ずしも $\mathrm{CI}(\hat{M})$ が有限標本でも良い信頼区間であることを意味しない。このような漸近的な議論は、信頼区間が持つ欠陥を覆い隠してしまうからである。問題は、$\mathrm{CI}(\hat{M})$ の被覆確率が $1 - \alpha$ に十分近くなるために必要なサンプルサイズは、(β_1, β_2) の真値、つまり、データ生成過程に依存するところにある。ある値が真値のときにはサンプルサイズ 100 でも $1 - \alpha$ に十分近い被覆確率が得られる一方で、別の値が真値のときにはサンプルサイズ 10000 でも被覆確率は $1 - \alpha$ よりずっと小さいということが起こりうるのである。

　このような問題が起こるのは、(2.18)式がデータ生成過程についての各点収束であり、一様収束ではないためである。その点を明確にするため、真の分布を P_{n, β_1, β_2} という記号を用いて表すことにする。この記号は、データ生成過程が (β_1, β_2) の真値に依存するとともに、その値がサンプルサイズにも依存しうることを表している。例えば、

$$Y_i = c_1 X_{i1} + \frac{c_2}{\sqrt{n}} X_{i2} + e_i$$

のようなケースを想定している。変数選択に BIC を用いて $\hat{M}$ を選択した場合、(2.16)式の信頼区間について

$$\lim_{n \to \infty} \inf_{\beta_1, \beta_2} P_{n, \beta_1, \beta_2}(\beta_1 \in \mathrm{CI}(\hat{M})) = 0$$

となることが知られている（lim と inf の順番に注意）。つまり、一致性を満たす変数選択法を用いると、サンプルサイズがどれだけ大きくても、パラメータ

の真値次第では、$\mathrm{CI}(\hat{M})$ の被覆確率が非常に小さくなるケースが存在するのである。

　AIC などの一致性を満たさない方法で変数選択を行えば、被覆確率が 0 に収束するような極端な問題は起こらないが、いずれにせよ、どのようなデータ生成過程についても一様に妥当な信頼区間を求めることはできない。つまり

$$\liminf_{n \to \infty} \inf_{\beta_1, \beta_2} P_{n, \beta_1, \beta_2}(\beta_1 \in \mathrm{CI}(\hat{M})) < 1 - \alpha$$

となってしまう。今考えている問題のように候補となる共変量の数が少ないモデルでは、変数選択など行わずすべての共変量をモデルに入れて統計的推測を行えば、（全く問題がないわけではないが）とりあえずは保守的な信頼区間が得られるが、共変量の数がサンプルサイズを超えるほど多い場合にはそのようなわけにはいかない。変数選択を伴う統計的推測をいかにして行うかということについては、7 章で論じる。

第3章 ノンパラメトリック回帰

　何らかの関数を推定する際に、関数形の仮定を置かず推定することをノンパラメトリック（nonparametric）推定と言う。本章では回帰関数のノンパラメトリック推定について考察する。計量経済学でよく用いられるノンパラメトリック回帰の手法には、大きく分けてカーネル法とシリーズ法の2種類がある。カーネル法はカーネルと呼ばれる関数を用いて重み付けした応答変数の平均を求めることで回帰関数を推定する。シリーズ法は回帰関数を既知の関数列の線形結合で近似して推定する。

　回帰関数に関数形の仮定を置かないことのメリットは、定式化の誤りを回避できることである。ただし、定式化の誤りがないということは、推定量にバイアスが存在しないということを意味しない。むしろどのようなノンパラメトリック推定量にも基本的にはバイアスが存在する。ひねくれた言い方をするならば、回帰関数の定式化の誤りを無視して、推定量にバイアスがないふりをするのがパラメトリック回帰の特徴、推定量のバイアスの存在を正直に認めるのがノンパラメトリック回帰の特徴であるとも言える。

　ノンパラメトリック回帰には、回帰変数の次元が大きくなるほど推定精度が悪くなる次元の呪いと呼ばれる問題があり、実証分析でノンパラメトリック回帰の手法がそれほど頻繁に用いられているわけではない。しかし、カーネル推定量が重要な役割を果たす応用例がある。それは、回帰不連続デザインの下での処置効果の推定である。そこで本章の最後では、応用例としてこの問題を取り上げる。処置効果の推定においては点推定とともに区間推定も重要となるた

め、区間推定を行ううえでの注意点についても解説する。

📈3.1 カーネル推定

3.1.1　Nadaraya-Watson 推定量と局所線形推定量

次のような回帰モデルを考える。

$$Y_i = \mu(X_i) + e_i, \quad \mathbb{E}[e_i \,|\, X_i] = 0, \quad \mathbb{E}[e_i^2 \,|\, X_i] = \sigma^2(X_i)$$

ただし、X_i はスカラーで、μ と σ^2 はともに未知の関数である。興味の対象は回帰関数 μ である。後ほどみるように、回帰変数がベクトルであってもノンパラメトリック推定は可能であるが、実際に使われるのはスカラーのケースが多いので、本章でも大半はスカラーのケースを考える。

はじめに、回帰変数が離散確率変数の場合を考える。この場合の回帰関数の推定は容易である。各点 x において $\mu(x)$ は、$X = x$ を満たす部分母集団における Y の期待値を表している。そのため、$X_i = x$ となる個体 i を集めてきて、Y_i の標本平均を求めることにより、$\mu(x)$ を推定できる。式で表せば以下のとおりである。

$$\frac{\sum_{i=1}^{n} 1\{X_i = x\} Y_i}{\sum_{i=1}^{n} 1\{X_i = x\}}$$

ただし、$1\{\cdot\}$ は指示関数（indicator function）で、$\{\cdot\}$ の中が真であれば 1、そうでなければ 0 を返す関数である。

回帰変数が連続確率変数の場合には、上記の方法を用いることはできない。なぜなら、任意の x について $P(X_i = x) = 0$ のため、実現値がちょうど x となる観測値を標本の中にいくつも見つけることができないからである。この場合は、点 x の近傍にある観測値の平均によって、$\mu(x)$ を推定することが考えられる。例えば、

$$\frac{\sum_{i=1}^{n} 1\{x-h \le X_i \le x+h\} Y_i}{\sum_{i=1}^{n} 1\{x-h \le X_i \le x+h\}} \tag{3.1}$$

によって推定する。これは、区間 $[x-h, x+h]$ に X_i が含まれている観測値を用いて、Y_i の標本平均を求めていることを意味する。区間の幅を決める h はバンド幅（bandwidth）と呼ばれ、データの分析者が自分で値を決める必要がある。バンド幅のようにデータの分析者が自分で決めなければならないパラメータのことを、チューニング（tuning）パラメータと呼ぶ。ノンパラメトリック推定においては通常は何らかのチューニングパラメータが存在し、これを適切に決定することが精度の高い推定のためには重要である。

Nadaraya-Watson（NW）推定量は (3.1) 式を一般化したものであり、次のように定義される。

$$\hat{\mu}^{\mathrm{NW}}(x) = \frac{\sum_{i=1}^{n} k\left(\frac{X_i-x}{h}\right) Y_i}{\sum_{i=1}^{n} k\left(\frac{X_i-x}{h}\right)} \tag{3.2}$$

ただし、関数 k はカーネル（kernel）と呼ばれ

$$\int_{-\infty}^{\infty} k(u) du = 1$$

を満たす関数である。特に $k(u) = \frac{1}{2}1\{|u| \le 1\}$ とすれば、(3.2) 式は (3.1) 式と等しくなる。NW 推定量は Y_i の加重平均の形をしており、各観測値に与えられるウエイトは X_i と x の間の距離に依存する。通常は x に近い観測値に対してより大きなウエイトを与える。$\hat{\mu}^{\mathrm{NW}}(x)$ は特定の点 x における回帰関数の値の推定量なので、関数 $\mu(\cdot)$ の全体を推定するには、x の値を様々に変えて x の値ごとに (3.2) 式を計算する必要がある。

バンド幅と同様に、どのようなカーネルを用いるかも分析者が自ら選ぶ必要がある。代表的なカーネルには次のようなものがある。

- Triangular：$k(u) = (1-|u|)1\{|u| \le 1\}$
- Rectangular：$k(u) = \frac{1}{2}1\{|u| \le 1\}$
- Epanechnikov：$k(u) = \frac{3}{4}(1-u^2)1\{|u| \le 1\}$
- Biweight：$k(u) = \frac{15}{16}(1-u^2)^2 1\{|u| \le 1\}$
- Gaussian：$k(u) = \frac{1}{\sqrt{2\pi}}\exp\left(-\frac{u^2}{2}\right)$

$k(u) = k(-u)$ を満たすカーネルを対称なカーネルと言い、上記のカーネルは
すべて対称である。以下で考察するカーネルは対称であるものとする。バンド
幅の選択に比べると、カーネルの選択は推定量の性質にそれほど影響を与えな
いとされている。

　次にカーネルの次数を定義する。次の性質を満たすカーネルを l 次（l-th
order）のカーネルと言う。

$$\int_{-\infty}^{\infty} u^j k(u) du = 0, \quad j = 1, ..., l-1$$

$$\int_{-\infty}^{\infty} u^j k(u) du \neq 0, \quad j = l$$

対称なカーネルであれば、奇数の j について $\int u^j k(u) du = 0$ となる。2 次のカ
ーネルが用いられることが多く、3 次以上のカーネルは高次（higher order）
カーネルとも呼ばれる。先に紹介したカーネルはすべて 2 次のカーネルであ
る。

　NW 推定量は

$$\hat{\mu}^{\mathrm{NW}}(x) = \arg\min_{\alpha} \sum_{i=1}^{n} k\left(\frac{X_i - x}{h}\right)(Y_i - \alpha)^2 \tag{3.3}$$

と表すこともできる。最小化の 1 階条件を解いてみれば、(3.2) 式と一致する
ことはすぐに確認できる。(3.3) 式より、NW 推定量は Y_i を定数項のみに回帰
した重み付きの OLS 推定量と解釈することもできる。このことから、NW 推
定量は局所定数（local constant）推定量と呼ばれることもある。

　NW 推定量を (3.3) 式のように表すと、自然な拡張として X_i の線形関数を
フィットさせることが考えられる。局所線形（LL：local linear）推定量は、次
の最小化問題を解くことによって得られる。

$$\min_{\alpha, \beta} \sum_{i=1}^{n} k\left(\frac{X_i - x}{h}\right)(Y_i - \alpha - \beta(X_i - x))^2 \tag{3.4}$$

これは、回帰関数を

$$\mu(X_i) \approx \mu(x) + \mu'(x)(X_i - x) \tag{3.5}$$

のようにテイラー展開して、$Y_i - \mu(X_i)$ の重み付きの2乗和を最小化していると思えばよい。そのため、(3.4)式の最小値を達成する α と β はそれぞれ、$\mu(x)$ と $\mu'(x)$ の推定量になっている。同様のアイデアを2次以上の多項式に拡張することも可能であり、q 次の多項式を用いる場合は

$$\min_{\alpha, \beta_1, \ldots, \beta_q} \sum_{i=1}^{n} k\left(\frac{X_i - x}{h}\right)\left(Y_i - \alpha - \beta_1(X_i - x) - \cdots - \beta_q(X_i - x)^q\right)^2$$

を解けばよい。最小値を達成する α が $\mu(x)$ の局所多項式（local polynomial）推定量である。

LL 推定量も陽に求められる。$\boldsymbol{Z}_i(x) = (1, X_i - x)'$ とすると、(3.4)式を解くことは重み付きの OLS 推定量を求めることと同じなので

$$\begin{pmatrix} \hat{\mu}^{\mathrm{LL}}(x) \\ \hat{\mu}'^{\mathrm{LL}}(x) \end{pmatrix} = \left(\sum_{i=1}^{n} k\left(\frac{X_i - x}{h}\right)\boldsymbol{Z}_i(x)\boldsymbol{Z}_i(x)'\right)^{-1} \sum_{i=1}^{n} k\left(\frac{X_i - x}{h}\right)\boldsymbol{Z}_i(x)Y_i$$

によって求められる。また、さらに計算をすれば

$$\hat{\mu}^{\mathrm{LL}}(x) = \frac{\sum_{i=1}^{n} w_i Y_i}{\sum_{i=1}^{n} w_i}$$

と表すこともできる。ただし、

$$w_i = k\left(\frac{X_i - x}{h}\right)\{s_2 - (X_i - x)s_1\}$$

$$s_r = \sum_{i=1}^{n} k\left(\frac{X_i - x}{h}\right)(X_i - x)^r$$

である。

3.1.2 推定量の性質とバンド幅の選択

カーネル推定量の性質はバンド幅の選択に大きく依存する。バンド幅を小さ

くするほど観測値に対してフィットの良い推定量が得られるが、小さくしすぎるとオーバーフィッティングが生じ、精度の高い推定量が得られない。できる限り推定精度を高くするようにバンド幅を選ぶことが望ましい。

　推定精度の指標として、（条件付）MSE が考えられる。バンド幅 h を用いた $\mu(x)$ の推定量を $\hat{\mu}_h(x)$ と表すと、$\hat{\mu}_h(x)$ の MSE は次のように表される[1]。

$$\mathrm{MSE}(h) \equiv \mathbb{E}[(\hat{\mu}_h(x)-\mu(x))^2 \mid \boldsymbol{X}]$$
$$= \mathbb{E}[\hat{\mu}_h(x)-\mu(x) \mid \boldsymbol{X}]^2 + \mathbb{E}[(\hat{\mu}_h(x)-\mathbb{E}[\hat{\mu}_h(x) \mid \boldsymbol{X}])^2 \mid \boldsymbol{X}]$$

ただし、$\boldsymbol{X}=(X_1,...,X_n)'$ である。2 番目の等号の第 1 項は $\hat{\mu}_h(x)$ の条件付バイアスの 2 乗、第 2 項は条件付分散である。以下では単純に、バイアス、分散と呼ぶことにする。バイアスと分散はバンド幅についてトレードオフの関係にある。このことは (3.1) 式を考えるとわかりやすい。バンド幅を広くすると、それだけ X_i の値が点 x から離れた観測値も推定に用いることになるので、バイアスは大きくなる。一方、バンド幅を広くすると、区間 $[x-h, x+h]$ に含まれる観測値の数が多くなるので、分散は小さくなる。よって、MSE の最小化のためには、バイアスと分散のバランスを取るようにバンド幅を決める必要がある。

　以下では 2 次の対称なカーネルを用いることを想定して、NW 推定量と LL 推定量の性質を結果だけ記す。厳密な MSE を求めることは難しいので、通常はサンプルサイズが大きいときの近似的な MSE を求めるのだが、その際、サンプルサイズが大きくなるにつれ、バンド幅が小さくなるような設定を考える。これは、バンド幅を固定した下でサンプルサイズだけを大きくしても、バイアスが 0 に収束しないためである。よって、各サンプルサイズ n に対してバンド幅 h_n を定める数列 $\{h_n\}$ を考え、この数列が 0 に収束するものとする。しかし、ノーテーションを複雑にしないために h_n という記号は用いず、これまでと同様に h という記号を用いる。

1）条件付期待値ではなく無条件の期待値で考えても以下で述べる結果と同様の結果は成り立つが、技術的な問題を避けるために条件付期待値で考える。詳しくは Fan（1992）と Fan（1993）を参照。また、MSE は評価する点である x にも依存するが、表記の単純化のため、記号からは省略している。

まずはバイアスに関する結果を述べる。$f(x)$ を X_i の密度関数、x を X_i のサポートの内点として、$\mu''(x)$ と $f'(x)$ が x の近傍で連続であるとする。$n \to \infty$ のとき、$h \to 0$ と $nh^3 \to \infty$ が満たされるならば、バイアスについて

$$\mathbb{E}[\hat{\mu}_h^{\mathrm{NW}}(x) - \mu(x) \mid \boldsymbol{X}] = \frac{h^2}{2}\kappa_2(k)\mu''(x) + h^2\kappa_2(k)\frac{f'(x)\mu'(x)}{f(x)} + o_p(h^2) \quad (3.6)$$

$$\mathbb{E}[\hat{\mu}_h^{\mathrm{LL}}(x) - \mu(x) \mid \boldsymbol{X}] = \frac{h^2}{2}\kappa_2(k)\mu''(x) + o_p(h^2) \quad (3.7)$$

が成り立つ[2]。ただし、

$$\kappa_2(k) = \int_{-\infty}^{\infty} u^2 k(u)du$$

である。ノンパラメトリック回帰では、回帰関数の関数形そのものは仮定しないが、関数の滑らかさについては導関数の存在などの仮定が置かれる。(3.6)式と (3.7) 式の $o_p(h^2)$ の部分は h^2 よりも早く 0 に収束するため、h が十分小さいときにはその他の項と比べると無視できるほど小さい。よって、NW 推定量と LL 推定量のバイアスはおよそ h^2 に比例することがわかる。このことを、バイアスのオーダーは h^2 であると言う。

　NW 推定量と LL 推定量では、(3.6) 式の右辺の第 2 項の部分だけバイアスのメインの項が異なることがわかる。(3.6) 式の第 1 項と第 2 項が打ち消しあって、(3.7) 式の右辺よりも小さくなることは可能性としてありえなくはないが、多くの場合で LL 推定量の方が NW 推定量よりもバイアスが小さくなると考えられている。また、LL 推定量のバイアスは $\mu'(x)$ に依存していないが、これは LL 推定量が (3.5) 式のように線形関数で回帰関数を近似していることに起因する。もし、回帰関数に 3 次以上の高次の導関数が存在すると仮定するならば、2 次以上の多項式を当てはめることによって、バイアスのオーダーをさらに小さくすることができる。一般に、$\mu(x)$ が $q+1$ 回連続微分可能なとき、q 次の局所多項式推定量で $\mu(x)$ を推定すると、q が奇数のときのバイアス

---

2) $o_p(h)$ とは、数列 $\{h_n\}$ について、$o_p(h_n)$ という意味である。$o_p(\cdot)$ などの記号の意味については、本章末の補論を参照。

のメインの項は $O(h^{q+1})$、q が偶数のときのバイアスのメインの項は $O(h^{q+2})$ であることが知られている[3]。

　一方、NW 推定量と LL 推定量の分散はともに、$n \to \infty$ のとき、$nh \to \infty$ ならば

$$\frac{1}{nh} \frac{\sigma^2(x)R(k)}{f(x)} + o_p\left(\frac{1}{nh}\right)$$

と表すことができる。ただし、

$$R(k) = \int_{-\infty}^{\infty} k(u)^2 du$$

である。これはやや驚くべき結果である。というのも、通常は推定量にはバイアスと分散のトレードオフの関係があり、バイアスを小さくすると分散が大きくなることがほとんどだからである。あくまでも漸近的な話ではあるが、NW 推定量と比較して、LL 推定量は分散を増加させることなくバイアスを減少させることができる。では、2 次以上の局所多項式推定量を用いるとどうかというと、LL 推定量よりもバイアスは小さくできるものの分散は大きくなる[4]。

　以上の結果から、LL 推定量の MSE は以下で近似することができる。

$$\mathrm{AMSE}(h) = \frac{h^4}{4} \{\kappa_2(k)\mu''(x)\}^2 + \frac{1}{nh} \frac{\sigma^2(x)R(k)}{f(x)} \tag{3.8}$$

AMSE の A は asymptotic の意味である。バイアスはバンド幅を小さくするほど小さくなるのに対して、分散はバンド幅を小さくするほど大きくなるので、MSE を小さくするためには両者のバランスを取るようにバンド幅を選ぶ必要がある。

　ところで、MSE は特定の点 x における $\mu(x)$ の推定量の精度を評価する指標である。特定の点における回帰関数の値のみに関心があるのであれば MSE で

---

3 ）Fan and Gijbels（1996）の Theorem 3.1 を参照。
4 ）詳細は Fan and Gijbels（1996）を参照。

評価すればよいが、回帰変数のサポート全体で良い推定量を得たいこともある。そのような場合には、(条件付)平均積分2乗誤差(MISE：mean integrated squared error)

$$\mathrm{MISE}(h) = \int_{-\infty}^{\infty} \mathbb{E}[(\hat{\mu}_h(x) - \mu(x))^2 \,|\, \boldsymbol{X}] f(x) dx$$

が推定精度の指標として用いられる。

MISE を小さくするようなバンド幅の選び方を考察しよう。LL 推定量の MISE は、(3.8)式を利用すれば

$$\mathrm{AMISE}(h) = \frac{h^4 \kappa_2(k)^2}{4} \int_{-\infty}^{\infty} (\mu''(x))^2 f(x) dx + \frac{R(k)}{nh} \int_{-\infty}^{\infty} \sigma^2(x) dx$$

で近似できる。AMISE は MISE の漸近的な表現である。これを最小にするような最適なバンド幅は、$\mathrm{AMISE}(h)$ を h に関して微分して、最小化の1階条件を解くことで求められ

$$h_{\mathrm{opt}} = \left(\frac{R(k) \int \sigma^2(x) dx}{\kappa_2(k)^2 \int (\mu''(x))^2 f(x) dx} \right) n^{-1/5} \tag{3.9}$$

で与えられる。また、このとき $\mathrm{AMISE}(h_{\mathrm{opt}}) = O(n^{-4/5})$ となる。しかし、h_{opt} は未知の関数の積分に依存しているため、実際に求めることはできない。最適なバンド幅に含まれる未知の部分を推定したもので置き換えてバンド幅を求める方法は、プラグイン(plug-in)法と呼ばれる。

その他のバンド幅選びの方法として、一個抜き交差検証法も用いられる。用いられる基準は

$$\mathrm{CV}_{\mathrm{LOO}}(h) = \frac{1}{n} \sum_{i=1}^{n} (Y_i - \hat{\mu}_{h,(-i)}(X_i))^2$$

である。ただし、$\hat{\mu}_{h,(-i)}(\cdot)$ は (Y_i, X_i) を除く $n-1$ 個の観測値から得られたカーネル推定量を表す。2章の変数選択問題では、一個抜き交差検証法が ErrS の近似的な不偏推定量をもたらしたが(2.2.2項参照)、バンド幅の選択におい

ては

$$\mathbb{E}[\mathrm{CV}_{\mathrm{LOO}}(h)] = \mathrm{MISE}_{n-1}(h) + \sigma^2$$

が成り立つことが知られている。ただし、$\mathrm{MISE}_{n-1}(h)$ はサンプルサイズが $n-1$ であるときの MISE を表しており、$\sigma^2 = \mathbb{E}[e_i^2]$ である。

3.1.3　次元の呪い

これまでは回帰変数がスカラーの場合を考えたが、ベクトルの場合にも NW 推定量や LL 推定量を考えることができる。$\boldsymbol{X}_i = (X_{i1}, ..., X_{ip})'$ とし、点 $\boldsymbol{x} = (x_1, ..., x_p)'$ における回帰関数

$$\mu(\boldsymbol{x}) = \mathbb{E}[Y_i | \boldsymbol{X}_i = \boldsymbol{x}]$$

を推定したいとする。このとき、NW 推定量は

$$\hat{\mu}^{\mathrm{NW}}(\boldsymbol{x}) = \frac{\sum_{i=1}^{n} K\left(\frac{\boldsymbol{X}_i - \boldsymbol{x}}{\boldsymbol{h}}\right) Y_i}{\sum_{i=1}^{n} K\left(\frac{\boldsymbol{X}_i - \boldsymbol{x}}{\boldsymbol{h}}\right)}$$

で与えられる。ただし、

$$K\left(\frac{\boldsymbol{X}_i - \boldsymbol{x}}{\boldsymbol{h}}\right) = k\left(\frac{X_{i1} - x_1}{h_1}\right) \times \cdots \times k\left(\frac{X_{ip} - x_p}{h_p}\right)$$

である。h_j は j 番目の回帰変数 X_{ij} に対応するバンド幅を表す。また、LL 推定量は、

$$\min_{\alpha, \beta} \sum_{i=1}^{n} K\left(\frac{\boldsymbol{X}_i - \boldsymbol{x}}{\boldsymbol{h}}\right) (Y_i - \alpha - \boldsymbol{\beta}'(\boldsymbol{X}_i - \boldsymbol{x}))^2$$

を解くことで得られる。

本章の冒頭でも述べたとおり、カーネル推定では、回帰変数の次元が大きくなるにつれて推定精度が低くなるという、次元の呪い（curse of dimensionality）と呼ばれる問題が発生する。なぜなら、$\boldsymbol{x}$ の近傍にある観測値の数が少なくなることで、分散が大きくなるからである。なぜ近傍の観測値が減るかとい

うと、$\boldsymbol{X}_i$ が $\boldsymbol{x}$ の近傍にあるためには、すべての j について、X_{ij} が x_j に十分近くなければならないためである。単純化のため、$h = h_1 = \cdots = h_p$ とすると、LL 推定量の AMSE は

$$\mathrm{AMSE}(h) = \frac{h^4 \kappa_2(k)^2}{4} \left(\sum_{j=1}^{p} \frac{\partial^2 \mu(\boldsymbol{x})}{\partial x_j^2} \right)^2 + \frac{1}{nh^p} \frac{\sigma^2(\boldsymbol{x}) R(k)^p}{f(\boldsymbol{x})}$$

で与えられる。よって、バイアスのオーダーは $p = 1$ の場合と変わらないが、分散のオーダーは $n^{-1} h^{-p}$ であり p に依存する。ただし、勘違いしてはならないのは、バイアスは回帰変数の数の影響を受けないということではない。大きくなった分散を小さくするためには、バイアスを大きくせざるを得ないからである。AMSE の意味で最適なバンド幅は $h = O(n^{-1/(4+p)})$ なので、このときのバイアスのオーダーは $n^{-2/(4+p)}$ となり、p が大きくなるほどバイアスも大きくなる。

3.1.4 サポートの境界における回帰関数の推定

回帰変数がスカラーの場合に話を戻そう。3.1.2 項では x がサポートの内点の場合で、NW 推定量と LL 推定量のバイアスの比較を行った。そこでの結論は、LL 推定量の方が NW 推定量よりバイアスに含まれる項が少ない分バイアスも小さいであろうという、やや曖昧としたものであった。実は、LL 推定量の NW 推定量に対する優位性は、サポートの境界で回帰関数を推定するときにより発揮される。

内点であれ端点であれ、回帰関数の推定方法そのものに本質的な違いはないが、端点での推定には固有の問題がある。X_i がある閉区間 $[x_L, x_U]$ 上で分布しているものとし、x_L における回帰関数の値 $\mu(x_L)$ を推定したいとする。すると、x_L は回帰変数のサポートの下限であるため、$X_i \geq x_L$ を満たす観測値しか標本には存在しない。このことが NW 推定量に大きなバイアスをもたらしうる。

NW 推定量のバイアスの原因を直感的に説明するために、(3.1) 式で $\mu(x_L)$ を推定することを考えよう。推定量は

$$\frac{\sum_{i=1}1\{x_L \le X_i \le x_L+h\}Y_i}{\sum_{i=1}^{n}1\{x_L \le X_i \le x_L+h\}} \tag{3.10}$$

となる。μ の導関数が連続で、$\mu'(x_L) > 0$ とすると、x_L の近傍の $x > x_L$ なる点 x について $\mu(x) > \mu(x_L)$ なので、(3.10)式は平均的に $\mu(x_L)$ よりも大きな値をとる Y_i のみを使って $\mu(x_L)$ を推定することになる。よって、推定量には正のバイアスが生じることが予想される。一方、$\mu'(x_L) < 0$ であれば、負のバイアスが生じることが予想される。実際、NW 推定量のバイアスについて

$$\mathbb{E}[\hat{\mu}^{\mathrm{NW}}(x_L) - \mu(x_L) \mid \boldsymbol{X}] = 2h\mu'(x_L)\int_0^\infty k(u)du + o_p(h) \tag{3.11}$$

が成り立つことが知られている。バイアスのメインの項の符号は確かに $\mu'(x_L)$ の符号に一致している。

　図 3.1 はイメージ図である。曲線は真の回帰関数、白い点は観測値を表し、左図の黒い点が NW 推定値である。点 x_L における回帰関数を推定するのに、$\mu(x_L)$ よりも大きな値をとる応答変数ばかりを用いて推定すると、上方にバイアスが生じる。

　NW 推定量のバイアスの式である (3.11) 式からは、もうひとつの重要な事実が読み取れる。それは、x が内点のときの NW 推定量のバイアスのメインの項は $O(h^2)$ であるのに対し、x が端点のときの NW 推定量のバイアスのメインの項は $O(h)$ であるということである。バンド幅は漸近的に 0 に収束するので、NW 推定量のバイアスは、内点の場合より端点の場合の方がずっと大きいということになる。

　LL 推定量を用いれば、上記の問題を回避することができる。なぜなら、LL 推定量は局所的に (3.5) 式の直線を当てはめて推定するので、$\mu'(x_L)$ の影響は直線の傾きによって捉えられるからである（図 3.1 の右図）。実際、$v_j = \int_0^\infty u^j k(u)du$ とし、

図3.1 NW 推定量と LL 推定量の比較

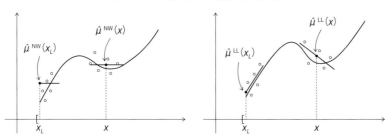

$$k^*(u) = \frac{v_2 - v_1 u}{v_0 v_2 - v_1^2} k(u) \tag{3.12}$$

$$\kappa_2^*(k^*) = \int_0^\infty u^2 k^*(u) du = \frac{v_2^2 - v_1 v_3}{v_0 v_2 - v_1^2} \tag{3.13}$$

と定義すると、適当な条件の下で

$$\mathbb{E}[\hat{\mu}^{\mathrm{LL}}(x_L) - \mu(x_L) \mid \boldsymbol{X}] = \frac{h^2}{2} \kappa_2^*(k^*) \mu''(x_L) + o_p(h^2)$$

が成り立つ。LL 推定量のバイアスは、内点の場合と同様に $O(h^2)$ である[5]。

3.1.5 信頼区間

固定された点 x における $\mu(x)$ の信頼区間を構築する問題を考える。適当な仮定の下で、x をサポートの内点とすると、LL 推定量の漸近分布について以下が成り立つ[6]。

$$\sqrt{nh}\left(\hat{\mu}^{\mathrm{LL}}(x) - \mu(x) - \underbrace{\frac{h^2}{2}\kappa_2(k)\mu''(x)}_{\mathcal{B}(x)}\right) \xrightarrow{d} N\left(0, \underbrace{\frac{\sigma^2(x)R(k)}{f(x)}}_{\mathcal{V}(x)}\right)$$

NW 推定量についても、$\mathcal{B}(x)$ の部分が多少異なるだけで同様の結果が成り立つ。$\sqrt{n}$ ではなく $\sqrt{nh}$ が掛かっているのは、収束のスピードがパラメトリック

---

5) Cheng et al.（1997）を参照。

6) Li and Racine（2007）などを参照。

な推定量より遅いためである。ここで注意すべきは、$\sqrt{nh}\left(\hat{\mu}^{\mathrm{LL}}(x)-\mu(x)\right)$ の分布収束先ではなく、$\sqrt{nh}\left(\hat{\mu}^{\mathrm{LL}}(x)-\mu(x)-\mathcal{B}(x)\right)$ の分布収束先を求めている点である。これは、カーネル推定量には漸近的にも無視できないバイアスが存在しているからであり、推定量は $\mu(x)$ を中心に分布していないことを意味している。

　バイアスの存在は信頼区間の構築を困難にする。バイアスがなければ、通常のパラメータの信頼区間の構築方法と同様に、推定量 $\hat{\mu}^{\mathrm{LL}}(x)$ を中心として

$$\left[\hat{\mu}^{\mathrm{LL}}(x)-z_{1-\alpha/2}\sqrt{\frac{\hat{\mathcal{V}}(x)}{nh}},\ \hat{\mu}^{\mathrm{LL}}(x)+z_{1-\alpha/2}\sqrt{\frac{\hat{\mathcal{V}}(x)}{nh}}\right] \tag{3.14}$$

のように $1-\alpha$ 信頼区間を求めればよい。ただし、$\hat{\mathcal{V}}(x)$ は $\mathcal{V}(x)$ の推定量である。ところが、バイアスが存在する場合には、この信頼区間は漸近的にも正しい被覆確率をもたらさない。

　この問題に対する古典的な対処法は、バイアスの存在を無視し、(3.14)式を信頼区間として用いるというものである。もちろん、これは何の解決策にもなっていない。それよりは幾分ましな方法は、$nh^5\to 0$ を満たすようにバンド幅を選ぶというものである。このとき、$\sqrt{nh}\mathcal{B}(x)\to 0$ が成り立つため、バイアスが漸近的に消滅する。よって、(3.14)式は漸近的に妥当な信頼区間となる。

　後者の方法にもいくつかの問題点がある。まず、AMISE を最小にするバンド幅である(3.9)式を用いると、$nh^5\to 0$ は満たされない。そのため、バンド幅を AMISE の意味で最適なバンド幅より小さくする必要がある。最適なバンド幅より小さなバンド幅を用いることは過小平滑化（undersmoothing）と言われ、ノンパラメトリック推定量を用いて統計的推測を行う際にはよく用いられるテクニックではある。しかし、バンド幅を小さくすると分散は大きくなるため、信頼区間の幅を広げてしまう。

　過小平滑化のより重大な問題は、$nh^5\to 0$ という条件を満たすためには実際上どのようにバンド幅を選べばよいのか、明確な指針がないことである。例えば、一個抜き交差検証法は MISE を小さくすることを意図しているので、これで選ばれたバンド幅も条件を満たさない。$h=n^{-1/4}$ のような恣意的な選び方をすれば条件は満たされるが、同じバンド幅を 100 倍しても、$100nh^5\to 0$ な

ので同様の条件を満たす。ところが、$n^{-1/4}$ を使うのと $100n^{-1/4}$ を使うのでは、有限標本での LL 推定量の振る舞いは全く異なったものになってしまう。バンド幅のオーダーだけが決まっても、バンド幅の具体的な決め方はわからないのである。

最近では、バイアスを無視したり過小平滑化でバイアスを消すのではなく、バイアスの存在を認めたうえで、バイアスに頑健な信頼区間を構築することが、カーネル回帰における重要な研究テーマのひとつとなっている。これまでにいくつかの異なるアプローチが考えられており、例えば、Armstrong and Kolesár (2018)、Calonico et al. (2018)、Schennach (2020) などがある。3.3 節では、回帰不連続デザインの下で、バイアスに頑健な処置効果の信頼区間の構築方法を紹介する。

📈3.2 シリーズ推定

3.2.1 推定方法

カーネル法と並んでよく用いられるノンパラメトリック回帰の方法に、シリーズ（series）法がある。シリーズ法では、任意の十分滑らかな関数は特定の性質を満たす既知の関数の線形結合によって近似が可能であるということを利用して、回帰関数の推定を行う。

既知の関数の線形結合で関数を近似するとはどういうことだろうか。例えば、解析学でよく知られる Stone-Weierstrass の定理によれば、閉区間で定義された連続関数は、多項式関数によって任意の精度で近似できる。すなわち、$\mu(x)$ が閉区間 $[a, b]$ において連続であれば、任意の $\varepsilon > 0$ について、ある q と $\beta_0, \beta_1, ..., \beta_q$ が存在して

$$\max_{x \in [a,b]} |\mu(x) - \beta_0 - \beta_1 x - \cdots - \beta_q x^q| < \varepsilon$$

が成立する。つまり、連続な回帰関数が $1, x, ..., x^q$ という $q+1$ 個の関数の線形結合で近似できる。

回帰関数の多項式による近似関数を $\beta_0 + \beta_1 x + \cdots + \beta_q x^q$ と表すと

$$Y_i \approx \beta_0 + \beta_1 X_i + \cdots + \beta_q X_i^q + e_i$$

が成り立つ。近似関数の係数の値はわからないが、右辺は $\beta_0, \beta_1, ..., \beta_q$ について線形なので、形式的に OLS で推定できる。OLS 推定量を $\hat{\beta}_0, \hat{\beta}_1, ..., \hat{\beta}_q$ とすれば、$\mu(x)$ は

$$\hat{\mu}(x) = \hat{\beta}_0 + \hat{\beta}_1 x + \cdots + \hat{\beta}_q x^q$$

で推定できる。

　このように、シリーズ法とは、回帰関数を基底関数の線形結合で近似し、その係数を推定することで関数を推定する方法である。基底関数とは、べき関数のようにその線形結合によって任意の滑らかな関数を近似できる関数のことである。シリーズ法の推定方法自体は線形回帰モデルの OLS と全く同じである。線形回帰との違いは推定するモデルを正しく定式化されたモデルと考えるか、近似モデルと考えるかだけである。ただし、シリーズ推定においては、個々の係数には限界効果のような特別な意味はない。

　一般のシリーズ推定量を定義するため、以下では基底関数のベクトルを $\boldsymbol{q}_K(x) = (q_1(x), ..., q_K(x))'$ という記号で表す。また、近似関数を $\mu_K(x) = \boldsymbol{q}_K(x)' \boldsymbol{\beta}_K$ という記号で表す。ただし、ベクトル $\boldsymbol{\beta}_K$ は

$$\begin{aligned}\boldsymbol{\beta}_K &= \arg\min_{\boldsymbol{b}} \mathbb{E}[(\mu(X_i) - \boldsymbol{q}_K(X_i)' \boldsymbol{b})^2] \\ &= \mathbb{E}[\boldsymbol{q}_K(X_i)\boldsymbol{q}_K(X_i)']^{-1} \mathbb{E}[\boldsymbol{q}_K(X_i)\mu(X_i)]\end{aligned}$$

である。$\boldsymbol{\beta}_K$ の OLS 推定量を $\hat{\boldsymbol{\beta}}_K$ とすると、$\mu(x)$ のシリーズ推定量は

$$\hat{\mu}_K(x) = \boldsymbol{q}_K(x)' \hat{\boldsymbol{\beta}}_K$$

である。カーネル法では各点 x についてそれぞれ回帰関数の値を推定する必要があったが、シリーズ法は $\boldsymbol{\beta}_K$ を推定するだけですべての x について $\mu(x)$ が推定される。

　基底関数の種類とシリーズの長さ K は分析者が決める必要がある。基底関数としては、スプライン（spline）関数がよく用いられる[7]。r 次スプラインの基底関数のベクトルは

$$\boldsymbol{q}_K(x) = \left(1, x, ..., x^r, (x-\xi_1)^r_+, ..., (x-\xi_l)^r_+\right)'$$

で表され、このとき近似関数は

$$\mu_K(x) = \boldsymbol{q}_K(x)'\boldsymbol{\beta}_K = \beta_0 + \sum_{j=1}^r \beta_j x^j + \sum_{k=1}^l \beta_{r+k}(x-\xi_k)^r_+ \tag{3.15}$$

となる。ただし、$(x)_+ = \max\{x, 0\}$ である。$\xi_1, ..., \xi_l$ はノット（knot）と呼ばれ、$\xi_1 < \cdots < \xi_l$ を満たすように選ばれる。ノットは X_i のサポートを小区間に分割する役割を果たし、(3.15)式は各小区間 $[\xi_j, \xi_{j+1}]$ で別々の r 次多項式を当てはめて、ノットにおいて $r-1$ 次導関数が連続になるよう滑らかにつないだものになっている。3次（cubic）スプラインがよく用いられる。

3.2.2 推定量の性質とシリーズの長さの選択

　カーネル推定量の推定精度がバンド幅に依存するように、シリーズ推定量の推定精度はチューニングパラメータであるシリーズの長さ K に依存する。シリーズ推定量の推定精度の評価には、積分2乗誤差（ISE：integrated squared error）を用いることが多い。ISE は

$$\mathrm{ISE}(K) = \int \left(\hat{\mu}_K(x) - \mu(x)\right)^2 f(x) dx$$

で定義される。$\hat{\mu}_K(x)$ は確率変数なので、ISE も確率変数である。

　ISE もバイアスと分散に相当する項に分解が可能で、それらは K についてトレードオフの関係にある。ISE を変形すると

$$\mathrm{ISE}(K) = \int \left(\mu(x) - \mu_K(x)\right)^2 f(x) dx$$
$$+ (\hat{\boldsymbol{\beta}}_K - \boldsymbol{\beta}_K)' \left(\int \boldsymbol{q}_K(x)\boldsymbol{q}_K(x)' f(x) dx\right) (\hat{\boldsymbol{\beta}}_K - \boldsymbol{\beta}_K)$$

と書ける。ISE の第1項の $\mu(x) - \mu_K(x)$ はバイアスに相当する。K が大きくな

7）その他の基底関数やその性質については、Chen（2007）や Belloni et al.（2015）を参照。なお、Chen（2007）では sieve 推定という呼び方をしているが、本書で考察しているシリーズ推定は sieve 推定の特殊ケースである。

るほど近似精度が向上するため、第 1 項は減少する。また第 1 項の大きさは、K とともに真の回帰関数 $\mu(x)$ の滑らかさにも依存する。例えば、$\mu(x)$ が α 回連続微分可能であるならば、第 1 項は $O(K^{-2\alpha})$ となる。一方、第 2 項は分散に相当し、$O_p(K/n)$ である。K が大きくなるほど推定するパラメータの数が増え、第 2 項は増加すると考えられる。詳しくは Newey（1997）や Belloni et al.（2015）を参照されたい[8]。

　ちなみに、LL 推定量のケースと同様に、$\mu(x)$ が 2 回連続微分可能であることを仮定すると、$\mathrm{ISE}(K) = O_p(K^{-4} + K/n)$ が成り立つ。よって、ISE を最小にする K のオーダーは $n^{1/5}$ であり、このとき $\mathrm{ISE}(K) = O_p(n^{-4/5})$ となる。このオーダーは、最適なバンド幅を用いたときの LL 推定量の AMISE のオーダーと同じである。ISE と AMISE は全く同じものではないが、大雑把に言えば、適切にチューニングパラメータを選べば、カーネル法でもシリーズ法でもオーダーの意味では同じ推定精度が達成される。

　シリーズ推定でも、交差検証法でチューニングパラメータを選ぶことが多い。一個抜き交差検証法であれば

$$\mathrm{CV}_{\mathrm{LOO}}(K) = \frac{1}{n}\sum_{i=1}^{n}\left(Y_i - \hat{\mu}_{K,(-i)}(X_i)\right)^2$$

を最小にするように K を選ぶ。ただし、$\hat{\mu}_{K,(-i)}$ は i 番目の観測値を除いて得られるシリーズ推定量である。$\hat{\boldsymbol{\beta}}_K$ は OLS 推定量なので、2.2.2 項の (2.9) 式と同様にして

$$\mathrm{CV}_{\mathrm{LOO}}(K) = \frac{1}{n}\sum_{i=1}^{n}\left(\frac{Y_i - \hat{\mu}_K(X_i)}{1 - \boldsymbol{q}_K(X_i)'\left(\sum_{i=1}^{n}\boldsymbol{q}_K(X_i)\boldsymbol{q}_K(X_i)'\right)^{-1}\boldsymbol{q}_K(X_i)}\right)^2$$

でも計算可能である。

8）以前は、シリーズ推定量の漸近理論については Newey（1997）がよく参照されていたが、Belloni et al.（2015）は Newey（1997）より弱い条件でも同様の結果が成り立つことを示している。

3.2.3 信頼区間

シリーズ推定量を用いた $\mu(x)$ の信頼区間の構築方法を考察する。まず、適当な条件の下で、

$$\frac{\sqrt{n}\,(\hat{\mu}_K(x)-\mu_K(x))}{\sqrt{V_K(x)}} \xrightarrow{d} N(0,1)$$

が成立する。ただし、

$$V_K(x) = \boldsymbol{q}_K(x)'\mathbb{E}[\boldsymbol{q}_K(X_i)\boldsymbol{q}_K(X_i)']^{-1}\mathbb{E}[\boldsymbol{q}_K(X_i)\boldsymbol{q}_K(X_i)'e_i^2]$$
$$\times\,\mathbb{E}[\boldsymbol{q}_K(X_i)\boldsymbol{q}_K(X_i)']^{-1}\boldsymbol{q}_K(x)$$

である。$V_K(x)$ の $\boldsymbol{q}_K(x)$ で挟まれた部分は、OLS 推定量 $\hat{\boldsymbol{\beta}}_K$ の漸近分散である。注意すべきは、$\hat{\mu}_K(x)$ の分布の中心は $\mu(x)$ ではなく、近似関数 $\mu_K(x)$ であるというところである。

カーネル推定量と同様に、シリーズ推定量も漸近的に無視できないバイアスを持つため、信頼区間の構築は難しい。実際上は、バイアスが漸近的に消えるように K の増え方について仮定を置いた下で、

$$\left[\hat{\mu}_K(x)-z_{1-\alpha/2}\sqrt{\frac{\hat{V}_K(x)}{n}},\ \hat{\mu}_K(x)+z_{1-\alpha/2}\sqrt{\frac{\hat{V}_K(x)}{n}}\right]$$

を用いることが多い。しかし、カーネル法の場合と同様に、このためには過小平滑化が必要である。シリーズ推定における過小平滑化とは、ISE などの意味で最適な K よりも大きな K を用いることを意味する。

シリーズ推定量の方がカーネル推定量よりもバイアスへの対処が難しい。カーネル推定量の場合は (3.6) 式や (3.7) 式のようにバイアスのメインの項を明示的に求められるので、バイアスの推定が可能なのに対し、シリーズ推定量の場合はバイアス $\mu(x)-\mu_K(x)$ に関する項の収束のオーダーしかわからないからである。このため、バイアスに頑健な信頼区間の構築が困難である。筆者の知る限りにおいては、Hansen (2014) のような一部の例外を除いて、シリーズ推定量を用いた頑健な信頼区間の構築方法の研究はほとんどないようである。

📈3.3　回帰不連続デザイン

　最後にカーネル法の応用例として、回帰不連続デザイン（regression discontinuity design）の下での処置効果の点推定と区間推定の方法を考える[9]。回帰不連続デザインとは、何らかの変数が閾値を超えるかどうかで処置の割り当てが決定されるような状況を利用して、処置効果を識別しようとするものである。例えば、ある大学に合格することが、将来の賃金などのアウトカムに与える影響を調べたいとしよう。その際、単純に合格者と不合格者を比較しても、処置効果を知ることはできない。なぜなら、大学に合格することの処置効果とは、その他のすべての条件を一定とした下での、仮に大学に合格した場合としなかった場合のアウトカムの差を意味するからである。合格者と不合格者では、大学に合格したかどうか以外にも、学力などの特性が異なると考えられるので、それら 2 つのグループのアウトカムの差は一般には処置効果を表さない。他方で、大学に合格するかどうかは、試験の点数が合格最低点を超えるかどうかで決定される。合格最低点をギリギリ超えた受験生とギリギリ超えなかった受験生の間では、平均的には学力などの特性に大きな違いはないと考えられる。そのため、それらの 2 つのグループを比較すれば処置効果を識別できるであろうというのが、回帰不連続デザインのアイデアである。

3.3.1　識別

　まずは設定を導入する。個体 i が処置を受けるかどうかは、観測可能なスカラー変数 X_i と既知の値 c によって

$$D_i = 1\{X_i \geq c\}$$

で決定されるものとする。つまり、X_i が c 以上の値をとる個体は処置を受け、c 未満の個体は処置を受けない。X_i はスコア（score）や強制（forcing）変数などと呼ばれ、c はカットオフ（cutoff）と呼ばれることが多い。

9）回帰不連続デザインについての詳細は、Cattaneo and Titiunik（2022）を参照。

図 3.2 回帰不連続デザイン

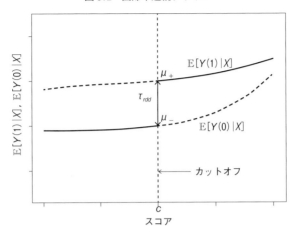

興味の対象は

$$\tau_{rdd} = \mathbb{E}[Y_i(1) - Y_i(0) \,|\, X_i = c]$$

であるとする。つまり、カットオフにおける平均的な処置効果に関心がある。しかし、デザインの特性上、どのような x についても $P(D_i = 1 \,|\, X_i = x)$ は 0 か 1 のいずれかであり、オーバーラップが満たされないため、τ_{rdd} は追加的な仮定なしには識別できない[10]。そこで、$\mathbb{E}[Y_i(1) \,|\, X_i = x]$ と $\mathbb{E}[Y_i(0) \,|\, X_i = x]$ は $x = c$ において連続であると仮定する。このとき

$$\mathbb{E}[Y_i(1) \,|\, X_i = c] = \lim_{x \downarrow c} \mathbb{E}[Y_i(1) \,|\, X_i = x] = \lim_{x \downarrow c} \mathbb{E}[Y_i \,|\, X_i = x] \equiv \mu_+$$
$$\mathbb{E}[Y_i(0) \,|\, X_i = c] = \lim_{x \uparrow c} \mathbb{E}[Y_i(0) \,|\, X_i = x] = \lim_{x \uparrow c} \mathbb{E}[Y_i \,|\, X_i = x] \equiv \mu_-$$

となり、τ_{rdd} が識別されることがわかる（Hahn et al. 2001）。

図 3.2 はイメージ図である。横軸はスコア、縦軸は潜在的結果の条件付期待値を表す。カットオフより上では処置を受けない個体が存在せず、カットオフより下では処置を受ける個体が存在しないため、図の点線部分の条件付期待値は識別することができない。しかし、実線と点線が滑らかにつながっていると

---

10) オーバーラップの意味については、1章の補論を参照。

仮定すれば、$x = c$ における平均的な処置効果を識別することは可能である。

3.3.2　推定

　これまでにいくつかの τ_{rdd} の推定方法が提案されてきたが、現在では μ_+ と μ_- をカーネル法で推定するのが標準的な推定方法である。カットオフは $\mathbb{E}[Y_i(1)|X_i = x]$ と $\mathbb{E}[Y_i(0)|X_i = x]$ の境界の点にあたるため、LL 推定量、もしくは、2次以上の局所多項式推定量を用いることが推奨される。μ_+ と μ_- の推定量をそれぞれ $\hat{\mu}_+$ と $\hat{\mu}_-$ とすれば、τ_{rdd} の推定量は

$$\hat{\tau}_{rdd} = \hat{\mu}_+ - \hat{\mu}_- \tag{3.16}$$

で与えられる。

　これまでに述べてきたとおり、カーネル回帰ではバンド幅の選択が問題となる。今の場合、スコアのサポート全体で回帰関数の良い推定量を得る必要はないので、MISE ではなく、$\hat{\tau}_{rdd}$ の MSE を小さくするようにバンド幅を選ぶのが自然であろう。LL 推定量を用いて、μ_+ と μ_- を同じバンド幅 h で推定すると

$$\mathbb{E}[\hat{\tau}_{rdd} - \tau_{rdd} \,|\, \boldsymbol{X}] \approx \frac{h^2}{2} \kappa_2^*(k^*)(\mu''(c_+) - \mu''(c_-)) \equiv B(h)$$

$$\mathrm{Var}[\hat{\tau}_{rdd} \,|\, \boldsymbol{X}] \approx \frac{R^*(k^*)}{nh}\left(\frac{\sigma^2(c_+)}{f(c_+)} + \frac{\sigma^2(c_-)}{f(c_-)}\right) \equiv V(h)$$

が成り立つ。ただし、$\kappa_2^*(k^*)$ の定義は (3.12) 式と (3.13) 式で与えられ、

$$R^*(k^*) = \int_0^\infty k^*(u)^2 du$$

である。また、c_+ と c_- はそれぞれの関数の $x = c$ における右極限と左極限を表す。Imbens and Kalyanaraman（2012）は、$\hat{\tau}_{rdd}$ の AMSE を最小にするようなバンド幅の選び方を提案している。

　点推定のみに関心があるのであれば MSE を最小にするようにバンド幅を選べばよいのだが、通常は τ_{rdd} の信頼区間も求めたい。すると、3.1.5 項の議論と同様の問題が発生する。漸近分布からバイアスを消去するには $nh^5 \to 0$ と

いう条件が必要となるが、MSE を最小にするようにバンド幅を選ぶとこの条件が満たされない。そのため、$\hat{\tau}_{rdd}$ を中心とする信頼区間を構築することができない。

このような問題に対し、Calonico et al.（2014）は、様々なバンド幅の選択方法と整合的な信頼区間の求め方を提案している。彼らはバイアスを無視したり、過小平滑化によってバイアスを消去するのではなく、バイアスを推定し、次のようなバイアス修正推定量を用いる。

$$\hat{\tau}_{rdd}^{\text{bc}} = \hat{\tau}_{rdd} - \hat{B}(h, b)$$

ただし、$\hat{B}(h, b)$ は $B(h)$ の推定量である[11]。バイアスの推定量もカーネル法を使って求められ、b という記号はこの推定量で用いるバンド幅を表している。

信頼区間を求めるには、バイアス修正だけでは不十分である。なぜなら、バイアス修正をすると推定量の分散が大きくなるためである。そこで Calonico et al.（2014）は、バイアス修正推定量の漸近分布を導出し、h と b に依存するある $W(h, b)$ について

$$\frac{\hat{\tau}_{rdd}^{\text{bc}} - \tau_{rdd}}{\sqrt{V(h) + W(h, b)}} \xrightarrow{d} N(0, 1)$$

が成立することを示している。よって、$V^{\text{bc}}(h, b) = V(h) + W(h, b)$ を推定すれば

$$\left[\hat{\tau}_{rdd}^{\text{bc}} - z_{1-\alpha/2}\sqrt{\hat{V}^{\text{bc}}(h, b)}, \ \hat{\tau}_{rdd}^{\text{bc}} + z_{1-\alpha/2}\sqrt{\hat{V}^{\text{bc}}(h, b)} \right] \tag{3.17}$$

により漸近的に $1-\alpha$ 信頼区間を得ることができる。この信頼区間は、R のパッケージである **rdrobust** などで求めることができる。

なお、信頼区間を求めることが目的である場合、そもそも MSE を最小にするように最初のバンド幅 h を選ぶことは必ずしも最適ではないかもしれない。

---

11) ただし、バイアスの推定のためには回帰関数に追加的な滑らかさの仮定が必要であり、彼らの設定の下では、実は MSE の意味で最適なバンド幅のオーダーは $n^{-1/5}$ ではない。そのため、実質的には過小平滑化を行っているという批判もある。詳細は Schennach（2020）を参照されたい。

Calonico et al.（2020）では、(3.17) 式の被覆確率の誤差を小さくするようなバンド幅 h の選び方を提案しており、これも **rdrobust** のオプションとして選択することができる。

Kolesár and Rothe（2018）は、Calonico et al.（2014）とは異なる観点から、バイアスへの対処法を提案している。彼らは真の回帰関数がある既知の関数のクラスに属すると仮定した下で、バイアスの上限を解析的に求めることによって、様々なデータ生成過程について一様に妥当な信頼区間を構築する。彼らの手法の特徴は、バイアスに頑健であることに加えて、バンド幅 h について $h \to 0$ の条件が必要ない点にある。そのため、スコアが離散変数であっても用いることが可能である。

信頼区間の求め方は以下のとおりである。まず、次のような最小化問題を解く。

$$\min_{\alpha,\,\tau_h,\,\beta,\,\gamma} \sum_{i=1}^{n} 1\{|X_i - c| \le h\}(Y_i - \alpha - \tau_h D_i - \beta(X_i - c) - \gamma D_i(X_i - c))^2$$

最小値を達成する τ_h の値を $\hat{\tau}_h$ とすると、$\hat{\tau}_h$ を求めることはカーネル $k(u) = \frac{1}{2}\{|u| \le 1\}$ を用いて LL 推定量で (3.16) 式を求めるのと同じである。次に、$n_h = \sum_{i=1}^{n} 1\{|X_i - c| \le h\}$、$\tilde{\tau}_h = \mathbb{E}[\hat{\tau}_h \mid \boldsymbol{X}]$ と定義し、$\hat{\sigma}^2/n_h$ を $\mathrm{Var}[\hat{\tau}_h \mid \boldsymbol{X}]$ の推定量とすると、

$$\frac{\sqrt{n_h}(\hat{\tau}_h - \tau_{rdd})}{\hat{\sigma}} = \frac{\sqrt{n_h}(\hat{\tau}_h - \tilde{\tau}_h)}{\hat{\sigma}} + \frac{\sqrt{n_h}(\tilde{\tau}_h - \tau_{rdd})}{\hat{\sigma}}$$

が成り立つ。ここで、右辺第 1 項については、任意の（必ずしも 0 に収束しない）h について、標準正規分布に分布収束する。また、既知の定数 K について、真の回帰関数 $\mu(x) = \mathbb{E}[Y_i \mid X_i = x]$ が

$$\mathcal{M} = \{\mu : |\mu'(a) - \mu'(b)| \le K|a - b| \ \text{for all } a, b < c \text{ and all } a, b > c\} \quad (3.18)$$

という関数の集合に属すると仮定すると、特定の方法で求められた $\hat{\sigma}$ について、

$$r_{\mathrm{sup}} \equiv \sup_{\mu \in \mathcal{M}} \frac{\sqrt{n_h}|\tilde{\tau}_h - \tau_{rdd}|}{\hat{\sigma}}$$

を明示的に求めることができる。よって、$|N(r,1)|$ の $1-\alpha$ 分位点を $cv_{1-\alpha}(r)$ として、信頼区間を

$$\mathrm{CI} = \left[\hat{\tau}_h - cv_{1-\alpha}(r_{\mathrm{sup}})\frac{\hat{\sigma}}{\sqrt{n_h}},\ \hat{\tau}_h + cv_{1-\alpha}(r_{\mathrm{sup}})\frac{\hat{\sigma}}{\sqrt{n_h}} \right]$$

とすれば、この信頼区間は

$$\liminf_{n \to \infty} \inf_{\mu \in \mathcal{M}} P_\mu(\tau_{rdd} \in \mathrm{CI}) \geq 1-\alpha \tag{3.19}$$

を満たすので、$\mathcal{M}$ について漸近的に一様に妥当な信頼区間となっている。Kolesár and Rothe（2018）は、(3.19)式のような性質を満たす信頼区間を偽りのない（honest）信頼区間と呼んでいる。

　信頼区間 CI はいかなる意味で「偽りのない」信頼区間なのだろうか。2.6 節でも述べたとおり、一般に信頼区間が真のパラメータを含む確率はデータ生成過程にも依存する。P_μ という記号は真の回帰関数が μ であるときの信頼区間の被覆確率を表し、$\inf_{\mu \in \mathcal{M}} P_\mu(\tau_{rdd} \in \mathrm{CI})$ は最も被覆確率を小さくするような（与えられたサンプルサイズの下で最も τ_{rdd} の信頼区間を構築するのが困難な）μ の下での被覆確率を表している。(3.19)式が成り立つということは、任意の $\varepsilon > 0$ について十分大きな N が存在して、すべての $n \geq N$ について

$$\inf_{\mu \in \mathcal{M}} P_\mu(\tau_{rdd} \in \mathrm{CI}) \geq 1-\alpha-\varepsilon$$

が成り立つ。よって、サンプルサイズが十分に大きければ、$\mathcal{M}$ に属するどんなデータ生成過程の下でも、信頼区間が $1-\alpha$ に近い確率で τ_{rdd} を含むことが保証される。一方、各 $\mu \in \mathcal{M}$ について

$$\lim_{n \to \infty} P_\mu(\tau_{rdd} \in \mathrm{CI}) \geq 1-\alpha$$

しか成り立たないときには、どれだけ大きな n についても、ある $\mu \in \mathcal{M}$ が存在して

$$P_\mu(\tau_{rdd} \in \mathrm{CI}) < 1-\alpha-\varepsilon$$

となる可能性を排除できない。つまり、サンプルサイズが非常に大きい場合でも、データ生成過程によっては信頼区間の被覆確率が $1-\alpha$ よりかなり小さくなってしまうことがありうる。

　Kolesár and Rothe（2018）の信頼区間が偽りのないものであるために重要な点は、分析者がデータに依存せずに K の値を決めなければならないということである。真の回帰関数が(3.18)式のように特定の関数の集合に属すると仮定することは、ノンパラメトリック回帰では標準的なことであるが、通常は定数部分の K の値まで指定することはない。Kolesár and Rothe（2018）では、K の値を様々に変えてみて、結果がどのように変化するかを確認することを勧めている。もし、K をデータから推定してしまうと、信頼区間はもはや(3.19)式を満たさなくなってしまう。

📈3.4 補論

　数列のオーダーの記号を定義する。まず、$\{x_n\}_{n=1}^{\infty}$ と $\{a_n\}_{n=1}^{\infty}$ を定数列（確率変数ではない数列）とする。$n \to \infty$ のとき $x_n/a_n \to 0$ が成り立つことを

$$x_n = o(a_n)$$

と表す。また、ある $M < \infty$ が存在して、任意の n について $|x_n/a_n| < M$ が成り立つことを

$$x_n = O(a_n)$$

と表す。

　続いて、確率変数列のオーダーの記号を定義する。確率変数列 $\{X_n\}_{n=1}^{\infty}$ と定数列 $\{a_n\}_{n=1}^{\infty}$ について、$X_n/a_n \overset{p}{\to} 0$ が成り立つことを

$$X_n = o_p(a_n)$$

と表す。また、任意の $\varepsilon > 0$ について、ある $M < \infty$ が存在して、$\limsup_{n \to \infty}$

$P(|X_n/a_n| > M) < \varepsilon$ が成り立つことを

$$X_n = O_p(a_n)$$

と表す。特に、$X_n \xrightarrow{p} 0$ ならば

$$X_n = o_p(1)$$

であり、任意の $\varepsilon > 0$ について、ある $M < \infty$ が存在して、$\limsup_{n \to \infty}$ $P(|X_n| > M) < \varepsilon$ ならば

$$X_n = O_p(1)$$

である。X_n が確率変数に分布収束するならば、$X_n = O_p(1)$ が成り立つ。

オーダー記号の使い方の具体例を示そう。$X_1, ..., X_n$ は i.i.d. で、$\mathbb{E}[X_i] = \mu$、$\mathrm{Var}[X_i] = \sigma^2$ とする。このとき、大数の法則より、$\bar{X}_n = n^{-1}\sum_{i=1}^{n} X_i$ は $\bar{X}_n - \mu \xrightarrow{p} 0$ を満たすので

$$\bar{X}_n - \mu = o_p(1)$$

である。これは

$$\bar{X}_n = \mu + o_p(1)$$

と書いても同じ意味である。また、中心極限定理より、$\sqrt{n}\,(\bar{X}_n - \mu) \xrightarrow{d} N(0, \sigma^2)$ なので、

$$\sqrt{n}\,(\bar{X}_n - \mu) = O_p(1)$$

となり、

$$\bar{X}_n = \mu + O_p(n^{-1/2})$$

が成り立つ。推定量と真のパラメータとの差が $O_p(n^{-1/2})$ であるとき、推定量は $\sqrt{n}$ 一致性（$\sqrt{n}$-consistency）を満たすと言う。

第4章 セミパラメトリック回帰

　ノンパラメトリック回帰には、回帰関数の定式化の誤りを回避できるという長所があるものの、次元の呪いの問題がある。一方、線形回帰のように回帰関数の関数形をあらかじめ決めてしまうパラメトリック回帰は、回帰関数の定式化の誤りの可能性もあるが、もし関数の定式化が正しければ、ノンパラメトリック法よりも高い精度でパラメータの推定が可能となる。

　セミパラメトリック（semiparametric）モデルとは、パラメトリックモデルとノンパラメトリックモデルを組み合わせたモデルであり、有限次元のベクトルと関数の両方を未知パラメータとするモデルである。ノンパラメトリックモデルに対するセミパラメトリックモデルの利点のひとつは、興味のあるパラメータを高い精度で推定できることである。線形回帰モデルでは興味の対象である限界効果が β というベクトルで表現されるように、セミパラメトリックモデルにおいても、興味のあるパラメータは通常は有限次元のベクトルである。一定の条件が揃えば、有限次元パラメータの推定量は $\sqrt{n}$ 一致性や漸近正規性などの望ましい性質を満たす。

　本章の最後では、セミパラメトリック推定量の漸近分布の導出方法について比較的詳しく説明する。その理由は、それ自体が興味の対象になりうるということはもちろんだが、7章で扱う高次元モデルにおける統計的推測の問題とも深くかかわっているからでもある。例えば、Chernozhukov et al.（2018）で多くのセミパラメトリック推定に関する論文が引用されているように、セミパラメトリック推定の理論を知っておくことは、現代的な統計学の理論を理解する

ためにも有用である[1]。

　ところで、パラメトリックモデルとセミパラメトリックモデルの区別はやや曖昧である。例えば、線形回帰モデル

$$Y_i = \boldsymbol{X}_i'\boldsymbol{\beta} + e_i, \quad \mathbb{E}[e_i \mid \boldsymbol{X}_i] = 0$$

では、誤差 e_i の条件付分布について、期待値が 0 であること以外の仮定を置いていない（関数形を指定していない）ので、これもセミパラメトリックモデルであると考えることもできる。本章ではセミパラメトリックモデルの範囲を限定して、有限次元のパラメータを推定する過程において、未知関数をノンパラメトリックに推定しなければならないようなモデルをセミパラメトリックモデルと考えることにする。線形回帰モデルの $\boldsymbol{\beta}$ は OLS で推定可能であり、誤差の分布の推定は不要なので、本章では線形回帰モデルはパラメトリックモデルとして扱う。

📈 4.1　部分線形モデル

4.1.1　モデル

　代表的なセミパラメトリック回帰モデルのひとつである部分線形モデル（partially linear model）は、以下のように定式化される。

$$Y_i = \boldsymbol{X}_i'\boldsymbol{\beta} + g(Z_i) + e_i, \quad \mathbb{E}[e_i \mid \boldsymbol{X}_i, Z_i] = 0 \tag{4.1}$$

関数 g の関数形は特定化しない。回帰関数の一部を線形関数によって定式化することから、部分線形モデルと呼ばれる。本節では Z_i はスカラーとするが、一般にはベクトルであっても構わない。ただし、その場合でも次元はせいぜい 3 程度までであり、それ以上になると $\boldsymbol{\beta}$ の推定量の漸近分布を求める際に問題が生じる。

　部分線形モデルとノンパラメトリックモデルである

1）ただし、本書の他の部分と比べるとかなり難易度は高く、特に 4.4.3 項以降は理論研究者以外にはあまり関心のない話かもしれないので、読み飛ばしてもらっても特に問題ない。

$$Y_i = \mu(\boldsymbol{X}_i, Z_i) + e_i, \quad \mathbb{E}[e_i \,|\, \boldsymbol{X}_i, Z_i] = 0$$

を比べると、未知関数が依存する変数の数を減らすことができるので、次元の呪いを部分的に回避することができる。ただし、一部をパラメトリックに定式化するので、定式化の誤りのリスクはある。部分線形モデルを使うときは通常、$\boldsymbol{X}_i$ の限界効果である $\boldsymbol{\beta}$ に関心があり、関数 g には直接的には関心がないケースが多い。それ自体に関心がないパラメータは、局外（nuisance）パラメータと呼ばれる。

部分線形モデルのおそらく最初の応用例は、Engle et al.（1986）である。彼らは電力の需要と価格の関係を調べている。分析においてはいくつかのコントロール変数を用いているが、その中のひとつに気温がある。気温は高くても低くても電力需要を増加させるため、電力需要と気温には非線形の関係があると考えられる。そこで、気温の影響については線形性を仮定せず、ノンパラメトリックに定式化している。

部分線形モデルの識別上の注意として、線形パートから定数項を除外するか、もしくは、$\mathbb{E}[g(Z_i)] = 0$ と基準化する必要がある。なぜなら、$\mathbb{E}[Y_i \,|\, X_i, Z_i] = \beta_0 + \beta_1 X_i + g(Z_i)$ のように定式化したとすると、任意の定数 c について $\beta_0 + \beta_1 X_i + g(Z_i) = (\beta_0 + c) + \beta_1 X_i + (g(Z_i) - c)$ が成り立つからである。$g(Z_i)$ と $g(Z_i) - c$ は観測値から区別できないので、定数部分について何らかの基準化をしなければ、g は一意に定まらない。

4.1.2 Robinson（1988）の推定量

部分線形モデルの代表的な推定方法である、Robinson（1988）による推定方法を紹介する。まず、(4.1)式の両辺の Z_i を条件とした条件付期待値をとると、繰り返し期待値の法則より $\mathbb{E}[e_i \,|\, Z_i] = \mathbb{E}[\mathbb{E}[e_i \,|\, \boldsymbol{X}_i, Z_i] \,|\, Z_i] = 0$ なので、

$$\mathbb{E}[Y_i \,|\, Z_i] = \mathbb{E}[\boldsymbol{X}_i \,|\, Z_i]' \boldsymbol{\beta} + g(Z_i) \tag{4.2}$$

が成り立つ。そこで、(4.1)式と(4.2)式の辺々を引けば

$$Y_i - \mathbb{E}[Y_i \,|\, Z_i] = (\boldsymbol{X}_i - \mathbb{E}[\boldsymbol{X}_i \,|\, Z_i])' \boldsymbol{\beta} + e_i$$

となり、未知関数 g が消去される。よって、仮に $\eta_y(z) \equiv \mathbb{E}[Y_i \mid Z_i = z]$ と $\eta_x(z) \equiv \mathbb{E}[X_i \mid Z_i = z]$ が既知であるならば、$Y_i - \eta_y(Z_i)$ を $X_i - \eta_x(Z_i)$ に回帰することで β を推定できる。この実行不可能（infeasible）な推定量は

$$\hat{\beta}_{\inf} = \left(\sum_{i=1}^{n} (X_i - \eta_x(Z_i))(X_i - \eta_x(Z_i))' \right)^{-1} \sum_{i=1}^{n} (X_i - \eta_x(Z_i))(Y_i - \eta_y(Z_i))$$

であり、

$$\sqrt{n}(\hat{\beta}_{\inf} - \beta) \xrightarrow{d} N(0, \mathbf{\Phi}^{-1} \mathbf{\Psi} \mathbf{\Phi}^{-1})$$

を満たす。ただし、$\mathbf{\Phi} = \mathbb{E}[(X_i - \eta_x(Z_i))(X_i - \eta_x(Z_i))']$、$\mathbf{\Psi} = \mathbb{E}[(X_i - \eta_x(Z_i)) \times (X_i - \eta_x(Z_i))' e_i^2]$ である。

　実際には $\eta_y(z)$ と $\eta_x(z)$ は未知であるが、これらの回帰関数はカーネル法などのノンパラメトリックな方法で推定できる。対応するノンパラメトリック推定量を $\hat{\eta}_y(z)$、$\hat{\eta}_x(z)$ とすると、これらを用いて

$$\hat{\beta} = \left(\sum_{i=1}^{n} (X_i - \hat{\eta}_x(Z_i))(X_i - \hat{\eta}_x(Z_i))' \right)^{-1} \sum_{i=1}^{n} (X_i - \hat{\eta}_x(Z_i))(Y_i - \hat{\eta}_y(Z_i))$$

により β を推定できる。

　ノンパラメトリック推定量 $\hat{\eta}_y(z)$ と $\hat{\eta}_x(z)$ が、それぞれ一定のレートで $\eta_y(z)$ と $\eta_x(z)$ に収束するならば、$\hat{\beta}$ は実行不可能な推定量である $\hat{\beta}_{\inf}$ と同じ漸近分布に分布収束する。よって、推定量は $\sqrt{n}$ 一致性、すなわち、$\hat{\beta} - \beta = O_p(n^{-1/2})$ を満たし、線形回帰モデルなどのパラメトリックモデルのパラメータの推定量と同じオーダーで真の値に収束する。さらに、回帰関数 η_y と η_x をノンパラメトリックに推定することは漸近的には β の推定に影響を与えず、あたかも η_y と η_x が既知であるかのように扱うことができる。

📈 4.2　シングルインデックスモデル

4.2.1　モデル

　セミパラメトリックなシングルインデックスモデル（single index model）は次のように定式化される。

$$Y_i = g(X_i'\beta) + e_i, \quad \mathbb{E}[e_i \mid X_i] = 0$$

ただし、g は未知の関数で

$$g(\cdot) = \mathbb{E}[Y_i \mid X_i'\beta = \cdot] \tag{4.3}$$

で定義される。Y_i の X_i を条件とする条件付期待値が、$X_i'\beta$ というスカラー（インデックス）を通じてしか X_i に依存しないことから、インデックスモデルと呼ばれる。

あえてセミパラメトリックなシングルインデックスモデルと言ったのは、パラメトリックなシングルインデックスモデルも存在するからである。というよりも、計量経済学で扱う多くのパラメトリックモデルはシングルインデックスモデルである。例えば、g を恒等関数（$g(x) = x$）とすれば線形回帰モデルとなるし、g を標準正規分布の分布関数とすればプロビットモデルとなる。

シングルインデックスモデルの識別上の注意としては、線形パートのロケーションとスケールは識別されない。なぜなら、任意の定数 $c \neq 0$ と γ について、$g(x'\beta) = \bar{g}(\gamma + x'c\beta)$ を満たす $\bar{g}$ が存在するが、g と $\bar{g}$ は観測されるデータからは区別することができないからである。そのため、定数項を含むことはできないし、β の第1成分を1とするか $\|\beta\| = 1$ とするなど、スケールの基準化が必要である。また、共変量のうち少なくともひとつは連続変数であることも必要である。

4.2.2 Ichimura（1993）の推定量

シングルインデックスモデルにも多くの推定方法が存在するが（Klein and Spady 1993；Powell et al. 1989；Ai and Chen 2003；Hristache et al. 2001 など）、本項では Ichimura（1993）の推定方法を紹介する。

まず、関数 g が既知であるという仮想的な状況を考えよう。このとき、β は非線形最小2乗法（NLLS：non-linear least squares）で推定できる。すなわち

$$\min_{b} \sum_{i=1}^{n} (Y_i - g(X_i'b))^2 \tag{4.4}$$

を解けばよい。よって、g が未知の場合でも、g をノンパラメトリック推定量

$\hat{g}$ で置き換えて、NLLS で $\boldsymbol{\beta}$ を推定するということが考えられる。ところが g は (4.3) 式で与えられ、未知パラメータ $\boldsymbol{\beta}$ に依存するため、g のみを単独で推定することはできないという問題がある。

この問題の解決策は、g を推定するのではなく

$$G(\boldsymbol{x}'\boldsymbol{b}) \equiv \mathbb{E}[Y_i | X_i'\boldsymbol{b} = \boldsymbol{x}'\boldsymbol{b}] \tag{4.5}$$

を推定することである。ベクトル $\boldsymbol{b}$ に適当な値を与えれば、これは推定可能である。(4.3) 式と (4.5) 式を比較すればわかるように、G と g は異なる関数である。しかし、真の係数 $\boldsymbol{\beta}$ においては $G(\boldsymbol{x}'\boldsymbol{\beta}) = g(\boldsymbol{x}'\boldsymbol{\beta})$ が成り立つため、(4.4) 式における g を G のノンパラメトリック推定量で置き換えることで、$\boldsymbol{\beta}$ を推定することができる。

以下では $\boldsymbol{\beta}$ の第 1 成分を 1 に基準化し、$X_i'\boldsymbol{\beta} = X_{i1} + \widetilde{X}_i'\boldsymbol{\delta}$ と表すことにする。Ichimura（1993）では、一個抜きの NW 推定量である

$$\hat{G}_{(-i)}(\boldsymbol{x}'\boldsymbol{b}) = \frac{\sum_{j \neq i} k\left(\frac{X_j'\boldsymbol{b} - \boldsymbol{x}'\boldsymbol{b}}{h}\right) Y_j}{\sum_{j \neq i} k\left(\frac{X_j'\boldsymbol{b} - \boldsymbol{x}'\boldsymbol{b}}{h}\right)}$$

を用いて G を推定している。これを用いると

$$\hat{\boldsymbol{\delta}} = \arg\min_{\boldsymbol{d}} \sum_{i=1}^{n} (Y_i - \hat{G}_{(-i)}(X_{i1} + \widetilde{X}_i'\boldsymbol{d}))^2$$

により $\boldsymbol{\delta}$ を推定することができる[2]。X_i はベクトルであるが $X_i'\boldsymbol{b}$ はスカラーであるため、ノンパラメトリック推定の次元の呪いの問題を回避することができる。また、NW 推定量を用いるためにはバンド幅を選ぶ必要があるが、Hardle et al.（1993）でバンド幅の選択方法が考察されている。

適当な条件の下、Ichimura（1993）の推定量は

$$\sqrt{n}(\hat{\boldsymbol{\delta}} - \boldsymbol{\delta}) \overset{d}{\to} N(\boldsymbol{0}, \boldsymbol{Q}^{-1}\boldsymbol{\Omega}\boldsymbol{Q}^{-1})$$

を満たす。ただし、

2）より正確には、Ichimura（1993）では技術的な問題から、トリミング（trimming）と呼ばれるテクニックを用いている。また、不均一分散に対応するために、目的関数にウエイトを掛ける推定方法も考察している。

$$\boldsymbol{Q} = \mathbb{E}[\widetilde{\boldsymbol{X}}_i^* \widetilde{\boldsymbol{X}}_i^{*\prime}], \quad \boldsymbol{\Omega} = \mathbb{E}[\widetilde{\boldsymbol{X}}_i^* \widetilde{\boldsymbol{X}}_i^{*\prime} e_i^2]$$

であり、

$$\widetilde{\boldsymbol{X}}_i^* = \frac{\partial}{\partial \boldsymbol{d}} G(X_{i1} + \widetilde{\boldsymbol{X}}_i' \boldsymbol{d})\bigg|_{\boldsymbol{d} = \boldsymbol{\delta}}$$

である。よって、$\hat{\boldsymbol{\delta}}$ の漸近分布は、G が既知であるときの NLLS 推定量の漸近分布と等しいことがわかる[3]。しかし、g が既知であるときの NLLS 推定量の漸近分布とは漸近分散が異なる。

📈4.3 平均処置効果

次は少しタイプの異なる問題として、平均処置効果（ATE）

$$\tau_{ate} = \mathbb{E}[Y_i(1) - Y_i(0)]$$

のセミパラメトリックな推定法を考察する。

4.3.1 強い無視可能性の仮定の下での識別

まずは識別について考察する。ある共変量（交絡変数）$\boldsymbol{X}_i$ が存在して、強い無視可能性の仮定が成り立っているとする。すると、1 章の補論の議論より

$$\tau_{ate} = \mathbb{E}[\mu_1(\boldsymbol{X}_i) - \mu_0(\boldsymbol{X}_i)] \tag{4.6}$$

によって、ATE が識別可能である。ただし、$\mu_1(\boldsymbol{x}) = \mathbb{E}[Y_i | \boldsymbol{X}_i = \boldsymbol{x}, D_i = 1]$、$\mu_0(\boldsymbol{x}) = \mathbb{E}[Y_i | \boldsymbol{X}_i = \boldsymbol{x}, D_i = 0]$ である。また、同じ仮定から

$$\eta_d(\boldsymbol{x}) \equiv \mathbb{E}[D_i Y_i | \boldsymbol{X}_i = \boldsymbol{x}] = \mathbb{E}[D_i Y_i(1) | \boldsymbol{X}_i = \boldsymbol{x}] = p(\boldsymbol{x}) \mu_1(\boldsymbol{x})$$

$$\eta_{1-d}(\boldsymbol{x}) \equiv \mathbb{E}[(1 - D_i) Y_i | \boldsymbol{X}_i = \boldsymbol{x}] = \mathbb{E}[(1 - D_i) Y_i(0) | \boldsymbol{X}_i = \boldsymbol{x}]$$
$$= (1 - p(\boldsymbol{x})) \mu_0(\boldsymbol{x})$$

3）NLLS 推定量の性質については、Wooldridge（2010）などの中級以上の計量経済学のテキストを参照。

が成り立つ。ただし、$p(\boldsymbol{x}) = P(D_i = 1 \mid \boldsymbol{X}_i = \boldsymbol{x})$ で、$p(\boldsymbol{x})$ は傾向スコア（propensity score）と呼ばれる。よって、

$$\tau_{ate} = \mathbb{E}\left[\frac{\eta_d(\boldsymbol{X}_i)}{p(\boldsymbol{X}_i)} - \frac{\eta_{1-d}(\boldsymbol{X}_i)}{1 - p(\boldsymbol{X}_i)}\right] \tag{4.7}$$

による識別も可能である。

また、詳細は省略するが、

$$\mathbb{E}\left[\frac{D_i Y_i}{p(\boldsymbol{X}_i)}\right] = \mathbb{E}[Y_i(1)], \quad \mathbb{E}\left[\frac{(1 - D_i) Y_i}{1 - p(\boldsymbol{X}_i)}\right] = \mathbb{E}[Y_i(0)]$$

が成り立つことを示すことができる。これより

$$\tau_{ate} = \mathbb{E}\left[\frac{D_i Y_i}{p(\boldsymbol{X}_i)} - \frac{(1 - D_i) Y_i}{1 - p(\boldsymbol{X}_i)}\right] \tag{4.8}$$

により、τ_{ate} を識別することも可能である。

4.3.2　推定

　ATE の 3 つの識別方法である (4.6) 式、(4.7) 式、(4.8) 式から、ATE の推定方法も示唆される。それぞれの期待値に含まれる未知関数を何らかの方法で推定し、期待値を標本平均で置き換えればよい。(4.6) 式に基づく方法は回帰調整（regression adjustment）と呼ばれ、もっともシンプルな推定方法は、μ_1 と μ_0 に線形モデルを当てはめるものである。また、(4.8) 式に基づく推定方法は逆確率重み付け（IPW：inverse probability weighting）法と呼ばれ、p にロジスティックモデルを当てはめて推定することが多い。

　どの方法を用いるにせよ、未知関数をパラメトリックに推定する場合には、それらのパラメトリックモデルが正しく定式化されていなければ、ATE の推定量は一致性を満たさない。そこで、定式化の誤りを避けるために、ノンパラメトリックに推定するということが考えられる。Hahn (1998) は $p(\boldsymbol{x})$、$\eta_d(\boldsymbol{x})$、$\eta_{1-d}(\boldsymbol{x})$ をシリーズ推定量 $\hat{p}(\boldsymbol{x})$、$\hat{\eta}_d(\boldsymbol{x})$、$\hat{\eta}_{1-d}(\boldsymbol{x})$ で置き換えて

$$\hat{\tau}_{\text{hahn}} = \frac{1}{n} \sum_{i=1}^{n} \left\{ \frac{\hat{\eta}_d(\boldsymbol{X}_i)}{\hat{p}(\boldsymbol{X}_i)} - \frac{\hat{\eta}_{1-d}(\boldsymbol{X}_i)}{1 - \hat{p}(\boldsymbol{X}_i)} \right\}$$

で推定することを提案している。また、Hirano et al.（2003）は $p(\boldsymbol{x})$ をシリーズ推定量 $\hat{p}(\boldsymbol{x})$ で置き換えて

$$\hat{\tau}_{\text{hir}} = \frac{1}{n} \sum_{i=1}^{n} \left\{ \frac{D_i Y_i}{\hat{p}(\boldsymbol{X}_i)} - \frac{(1-D_i) Y_i}{1 - \hat{p}(\boldsymbol{X}_i)} \right\}$$

で推定することを提案している。

　一定の条件の下、Hahn（1998）の推定量と Hirano et al.（2003）の推定量は漸近的に同等で、$\sqrt{n}$ 一致性と漸近正規性を満たす。Hahn（1998）の推定量では、$p(\boldsymbol{x})$ が既知であるかどうかは τ_{ate} の推定量の漸近分散に影響を与えるが、$\eta_d(\boldsymbol{x})$ と $\eta_{1-d}(\boldsymbol{x})$ が既知である場合と、$\eta_d(\boldsymbol{x})$ と $\eta_{1-d}(\boldsymbol{x})$ を推定する場合では、後者の方が漸近分散は大きくなる。一方、Hirano et al.（2003）の推定量は少し変わった特徴を持っている。彼らの推定量は、$p(\boldsymbol{x})$ が既知である場合の推定量、すなわち

$$\frac{1}{n} \sum_{i=1}^{n} \left\{ \frac{D_i Y_i}{p(\boldsymbol{X}_i)} - \frac{(1-D_i) Y_i}{1 - p(\boldsymbol{X}_i)} \right\}$$

よりも漸近分散が小さくなる。仮に真の傾向スコアを知っていたとしても、漸近分散の観点からは傾向スコアを知らないものとして推定した方がよいのである。

4.4 プラグイン推定量の漸近分布 [*]

4.4.1 プラグイン推定量

　次のようなモーメント条件によって有限次元パラメータ θ_0 が識別されるケースを考える。

$$\mathbb{E}[m(Z_i, \theta_0, \eta_0)] = 0$$

ただし、m は既知のベクトル関数であり、η_0 は未知の関数（のベクトル）である[4]。単純化のため、η_0 は θ_0 には依存しないものとする。また、これも単純化のため、モーメント関数 m は $\eta(X_i)$ という値を通じてしか、関数 $\eta(\cdot)$ に依存しないものとする。ただし、X_i は Z_i の部分ベクトルである。よって、$m(Z_i, \theta, \eta)$ を $m(Z_i, \theta, \eta(X_i))$ とも表記する。

モーメント関数 m の次元がパラメータ θ_0 の次元と等しいとすると、η_0 が既知であれば、θ_0 はモーメント法で推定できる[5]。よって、η_0 をノンパラメトリック推定量 $\hat{\eta}$ で置き換えて、

$$\bar{m}_n(\hat{\theta}, \hat{\eta}) = 0 \qquad (4.9)$$

を満たす $\hat{\theta}$ によって、θ_0 を推定することが考えられる。ただし、$\bar{m}_n(\theta, \eta) = n^{-1}\sum_{i=1}^{n} m(Z_i, \theta, \eta)$ である。このような推定量は、プラグイン（plug-in）推定量と呼ばれる。本節では、セミパラメトリックなプラグイン推定量の漸近分布の求め方を考察する。

これまでに本章で考察したセミパラメトリック推定量は、Ichimura（1993）の推定量を除いて、すべて (4.9) 式の形で表される。例えば、4.1.2 項の Robinson（1988）の推定量であれば、パラメータ θ_0 はモーメント条件

$$\mathbb{E}[(X_i - \eta_x(Z_i))\{Y_i - \eta_y(Z_i) - (X_i - \eta_x(Z_i))'\theta_0\}] = 0 \qquad (4.10)$$

で識別され、推定量 $\hat{\theta}$ は

$$\frac{1}{n}\sum_{i=1}^{n}(X_i - \hat{\eta}_x(Z_i))\{Y_i - \hat{\eta}_y(Z_i) - (X_i - \hat{\eta}_x(Z_i))'\hat{\theta}\} = 0$$

を解くことによって得られる。

前節までの結果から、Robinson（1988）の推定量のように未知関数 η_0 を推

4）本節ではベクトルが多数登場するので、表記をシンプルにするため、ベクトルに太字を用いない。

5）本節では θ_0 が丁度識別されるケースのみしか考察しないが、過剰識別の場合でも同様の結果を適用できる。過剰識別の場合には、(4.9) 式を目的関数の最小化（もしくは最大化）問題の 1 階条件であると考えればよい。詳細は Andrews（1994）を参照。

定することが θ_0 の推定に漸近的に影響を与えないケースもあれば、4.3.2 項
の Hahn（1998）や Hirano et al.（2003）の推定量のように η_0 を推定すること
で $\hat{\theta}$ の漸近分散が変化するケースもあることがわかる。以下では、これら 2
つのケースを分ける条件はどこにあるのかを考察する。

4.4.2 η_0 の推定が $\hat{\theta}$ の漸近分散に影響を与えない場合

Andrews（1994）を参考にして、プラグイン推定量 $\hat{\theta}$ の漸近分布の導出方法
の概要を述べる。一致性の証明も重要ではあるが、ここでは $\hat{\theta}$ と $\hat{\eta}$ の一致性
は仮定して、$\hat{\theta}$ の漸近分布の導出方法のみを考察する。

まず、(4.9)式を θ_0 周りでテイラー展開すると

$$0 = \sqrt{n}\,\bar{m}_n(\theta_0, \hat{\eta}) + \frac{\partial}{\partial\theta'}\bar{m}_n(\theta^*, \hat{\eta})\sqrt{n}\,(\hat{\theta} - \theta_0)$$

が成り立つ。ただし、θ^* は θ_0 と $\hat{\theta}$ の間の点である。ここで、一定の条件の下
で $\frac{\partial}{\partial\theta'}\bar{m}_n(\theta^*, \hat{\eta}) \xrightarrow{p} M \equiv \mathbb{E}[\frac{\partial}{\partial\theta'}m(Z_i, \theta_0, \eta_0)]$ が成り立つ。行列 M は正則であると
仮定する。すると、

$$\sqrt{n}\,\bar{m}_n(\theta_0, \hat{\eta}) = \sqrt{n}\,\bar{m}_n(\theta_0, \eta_0) + o_p(1) \tag{4.11}$$

が成立するならば、

$$\sqrt{n}\,(\hat{\theta} - \theta_0) = -M^{-1}\sqrt{n}\,\bar{m}_n(\theta_0, \eta_0) + o_p(1)$$

となり、中心極限定理から $\hat{\theta}$ の漸近正規性が示される。また、(4.11)式が成
り立つならば、η_0 をノンパラメトリックに推定することは、$\hat{\theta}$ の漸近分布に影
響を与えず、あたかも η_0 が既知であるかのように扱うことができることがわ
かる。

Andrews（1994）は (4.11)式が成り立つための条件を与えている。まず、関
数 η をインデックスとする確率過程 $\nu_n(\eta)$ を以下のように定義する[6]。

$$\nu_n(\eta) = \sqrt{n}\,(\bar{m}_n(\theta_0, \eta) - \mathbb{E}[m(Z_i, \theta_0, \eta)]) \tag{4.12}$$

すると、$\mathbb{E}[m(Z_i, \theta_0, \eta_0)] = 0$ より

$$\sqrt{n}\,\bar{m}_n(\theta_0, \hat{\eta}) - \sqrt{n}\,\bar{m}_n(\theta_0, \eta_0) = \nu_n(\hat{\eta}) - \nu_n(\eta_0) + \sqrt{n}\,\mathbb{E}[m(Z_i, \theta_0, \hat{\eta})]$$

と書ける。もし、$\nu_n(\eta)$ が何らかの意味で η_0 において連続であれば、$\hat{\eta}$ の一致性から

$$\nu_n(\hat{\eta}) - \nu_n(\eta_0) = o_p(1) \tag{4.13}$$

となることが期待される。(4.13)式が満たされるための十分条件は、$\nu_n(\eta)$ が η_0 において確率的同程度連続性（stochastic equicontinuity）という性質を満たすことであり、Andrews（1994）はその十分条件を与えている[7]。以下では (4.13)式は満たされているものと仮定する。

　よって、あとは

$$\sqrt{n}\,\mathbb{E}[m(Z_i, \theta_0, \hat{\eta})] = o_p(1) \tag{4.14}$$

が満たされれば、(4.11)式が成り立つことがわかる。Andrews（1994）では、(4.14)式を $\hat{\theta}$ と $\hat{\eta}$ の漸近的な直交条件と呼んでいる。ここで、(4.14)式の期待値は Z_i についてのみとられていることに注意してほしい。やや混乱を招くノーテーションであるかもしれないが、$\mathbb{E}[m(Z_i, \theta_0, \hat{\eta})]$ という記号は、固定された関数 η について $\mathbb{E}[m(Z_i, \theta_0, \eta)]$ を求めた後、η の部分に $\hat{\eta}$ を代入することを意味している。よって、(4.14)式の左辺は確率変数である。

　では、(4.14)式が成り立つための十分条件は何であろうか。モーメント関数 m は $\eta(X_i)$ という値を通じてしか関数 η に依存しない（関数 $\eta(\cdot)$ 全体には依存しない）と仮定しているので、$m(Z, \theta, \cdot)$ が通常の意味で 2 階微分可能であるならば、テイラー展開と繰り返し期待値の法則から

---

6 ）このような確率過程は、経験過程（empirical process）と呼ばれる。経験過程に関する詳しい内容は、van der Vaart and Wellner（1996）などを参照。なお、ここでの「インデックス」という言葉は、シングルインデックスモデルのインデックスとは無関係である。確率過程と言うと、$X(t)$ のように時点をインデックスとするものを思い浮かべるかもしれないが、$\nu_n(\eta)$ では関数 η がインデックスとなっている。

7 ）詳細は西山・人見（2023）などを参照。

$$\sqrt{n}\,\mathbb{E}[m(Z_i, \theta_0, \hat{\eta})]$$
$$\approx \sqrt{n}\int \mathbb{E}\left[\frac{\partial m(Z_i, \theta_0, \eta_0(X_i))}{\partial \eta}\,\middle|\, X_i = x\right](\hat{\eta}(x) - \eta_0(x))f(x)dx \qquad (4.15)$$
$$+ \frac{\sqrt{n}}{2}\int \mathbb{E}\left[\frac{\partial^2 m(Z_i, \theta_0, \eta_0(X_i))}{\partial \eta^2}\,\middle|\, X_i = x\right](\hat{\eta}(x) - \eta_0(x))^2 f(x)dx$$

が成立する。ただし、$f(x)$ は X_i の密度関数である。よって、

$$\mathbb{E}\left[\frac{\partial m(Z_i, \theta_0, \eta_0(X_i))}{\partial \eta}\,\middle|\, X_i\right] = 0 \qquad (4.16)$$

が成り立ち、かつ、(4.15)式の右辺第2項が0に確率収束するならば、(4.14)式が満たされる。

(4.15)式の右辺第2項が0に確率収束するためには、ノンパラメトリック推定量 $\hat{\eta}$ の一致性だけでは不十分で、一定のレートで η_0 に収束しなければならない。よって、X_i が比較的次元の高いベクトルの場合には、必ずしも満たされるとは限らない。一方で、$\hat{\eta}$ の収束のレートはパラメトリックレート、つまり、$n^{-1/2}$ より遅くても構わず、パラメトリックレートより遅いレートで収束しても、$\hat{\theta}$ の $\sqrt{n}$ 一致性には影響を与えない。

4.4.3 η_0 の推定が $\hat{\theta}$ の漸近分散に影響を与える場合

条件(4.16)式は、パラメータ θ_0 の識別に使われるすべてのモーメント条件で成り立つとは限らない。4.1節と4.3節の結果から察しが付くであろうが、Robinson（1988）のモーメント条件は(4.16)式を満たすが、Hahn（1998）とHirano et al.（2003）のモーメント条件は(4.16)式を満たさない。条件(4.16)式が満たされないとき、いくつかの起こりうる結果がある。$\sqrt{n}\,\mathbb{E}[m(Z_i, \theta_0, \hat{\eta})]$ が発散してしまい、$\hat{\theta}$ の $\sqrt{n}$ 一致性が満たされないこともあれば、$\sqrt{n}$ 一致性と漸近正規性は成り立つものの、漸近分散は η_0 が既知の場合とは異なるものになる場合もある。

仮に、$\mathbb{E}[\phi(Z_i)] = 0$ と $\mathbb{E}[\|\phi(Z_i)\|^2] < \infty$ を満たす $\phi(Z_i)$ が存在して

$$\sqrt{n}\,\mathbb{E}[m(Z_i, \theta_0, \hat{\eta})] = \frac{1}{\sqrt{n}} \sum_{i=1}^{n} \phi(Z_i) + o_p(1)$$

が成り立つとしよう。すると、

$$\sqrt{n}(\hat{\theta}-\theta_0) = -M^{-1}\frac{1}{\sqrt{n}} \sum_{i=1}^{n} (m(Z_i, \theta_0, \eta_0) + \phi(Z_i)) + o_p(1) \tag{4.17}$$

が成り立つので、$\hat{\theta}$ は漸近正規性を満たすが、漸近分散は η_0 が既知の場合とは異なる。$\phi(Z_i)$ は補正項（correction term）などと呼ばれ、η_0 を推定したことによる $\hat{\theta}$ への影響を表している。通常は η_0 を $\hat{\eta}$ で置き換えることにより、$\hat{\theta}$ の漸近分散は大きくなる。しかし、$m(Z_i, \theta_0, \eta_0)$ と $\phi(Z_i)$ の関係によっては、η_0 を推定することにより漸近分散が小さくなることもありうる。実際、Hirano et al.（2003）の推定量は、傾向スコアを推定することによって、漸近分散が小さくなっている[8]。

Newey（1994）では、一般的なセミパラメトリック推定量の影響関数（influence function）の求め方を示すとともに、(4.17)式の補正項の見つけ方を示している。以下では、ある Ψ が存在して、推定量が次のように書けることを仮定する。

$$\sqrt{n}(\hat{\theta}-\theta_0) = \frac{1}{\sqrt{n}} \sum_{i=1}^{n} \Psi(Z_i) + o_p(1) \tag{4.18}$$

ただし、Ψ は $\mathbb{E}[\Psi(Z_i)] = 0$ と $\mathbb{E}[\|\Psi(Z_i)\|^2] < \infty$ を満たす。このとき、Ψ は推定量の影響関数と呼ばれる。また、(4.18)式を満たすとき、推定量は漸近的に線形であるという。Newey（1994）は推定量が漸近的に線形で、かつ、正則な推定量であるという条件の下で、その推定量の影響関数の求め方を示している[9]。

8）未知関数を推定することでセミパラメトリック推定量の漸近分散が小さくなるための十分条件については、Hitomi et al.（2008）や西山・人見（2023）を参照。

9）以下では推定量が正則であるという条件は無視して話を進める。正則な推定量の定義については、本章末の補論を参照。

まず、Ψ の求め方を考える。そのために、Z_i の真の分布を P で表し、分布 P の下での推定対象を $\theta_0 = \theta(P)$ で表すことにする。$\theta(\cdot)$ は分布を引数として持つ関数（汎関数）である。次に、$\{P_t\}$ をスカラー t をパラメータとする分布の集合とし、$t = 0$ において P と一致するものとする。P_t はパス（path）やパラメトリックサブモデル（parametric submodel）などと呼ばれる。P_t には対応する密度関数 dP_t とスコア関数 $S = d\log dP_t/dt$ が存在するものとする[10]。ただし、微分は $t = 0$ で評価する（以下でも同様）。このような条件を満たすパスは無数に存在するが、どのようなパスについても共通の $d(Z)$ が存在して

$$\frac{\partial \theta(P_t)}{\partial t} = \mathbb{E}[d(Z_i)S(Z_i)] \tag{4.19}$$

が満たされるとしよう[11]。このとき、一定の条件の下で $d(Z) = \Psi(Z)$ が成り立つ。つまり、漸近的に線形な θ_0 の推定量はすべて漸近的に同等で、影響関数は $d(Z)$ で与えられる。(4.19)式を満たす $d(Z)$ のことをパラメータ $\theta(P)$ の影響関数と定義することもある。

ちなみに、漸近的に線形な任意の推定量が漸近的に同等になる条件は何かというと、ざっくり言えば、プラグイン推定の文脈では、Z_i のサポート上で定義された任意の分布 Q について

$$\int m(z, \theta, \eta)dQ = 0$$

を満たすような θ と η が存在することである。η_0 が既知のパラメトリックモデルであれば、この条件はモーメント関数 m の次元と θ の次元が等しい、つまり、丁度識別のケースに対応する。このとき、θ_0 はモーメント法で推定しても効率的な GMM で推定しても漸近的に同等になるので、それらの推定量の影響関数はすべて同じである。より厳密な議論については、Newey（1994）の Theorem 2.1 や本章末の補論を参照されたい。

---

10) パスが満たさなければならない正確な条件については、本章末の補論を参照。

11) 詳細には触れないが、θ_0 の漸近的に線形で正則な推定量が存在することが、この微分が存在するための十分条件になっている。

さて、次に (4.17) 式の補正項がどのようにして現れるかを考察する。$\eta_0 = \eta(P)$ と汎関数を用いて表すと、分布 P_t の下でのプラグイン推定量の推定対象 $\theta(P_t)$ は

$$\mathbb{E}_t[m(Z_i, \theta(P_t), \eta(P_t))] = 0$$

を満たす。ただし、$\mathbb{E}_t$ は分布 P_t に関する期待値を表す。以下、微分と積分の順序交換は自由に行えるものとすると

$$\frac{\partial}{\partial t}\mathbb{E}_t[m(Z_i, \theta_0, \eta_0)] = \int m(z, \theta_0, \eta_0)\frac{\partial P_t/\partial t}{dP}dP$$
$$= \mathbb{E}[m(Z_i, \theta_0, \eta_0)S(Z_i)]$$

が成り立つ。また、陰関数定理と微分の連鎖律から

$$\frac{\partial \theta(P_t)}{\partial t} = -\mathbb{E}\left[\frac{\partial m(Z_i, \theta_0, \eta_0)}{\partial \theta'}\right]^{-1}\frac{\partial}{\partial t}\mathbb{E}_t[m(Z_i, \theta_0, \eta(P_t))]$$
$$= -M^{-1}\left(\mathbb{E}[m(Z_i, \theta_0, \eta_0)S(Z_i)] + \frac{\partial}{\partial t}\mathbb{E}[m(Z_i, \theta_0, \eta(P_t))]\right)$$

を得る。そのため、もしさらに、

$$\frac{\partial}{\partial t}\mathbb{E}[m(Z_i, \theta_0, \eta(P_t))] = \mathbb{E}[\phi(Z_i)S(Z_i)] \tag{4.20}$$

となるような $\phi(Z_i)$ が見つかれば

$$\frac{\partial \theta(P_t)}{\partial t} = -M^{-1}(\mathbb{E}[\{m(Z_i, \theta_0, \eta_0) + \phi(Z_i)\}S(Z_i)])$$

と表すことができる。これを (4.19) 式と比べると、$-M^{-1}(m(Z_i, \theta_0, \eta_0) + \phi(Z_i))$ は $\theta(P)$ の影響関数であることがわかり、さらには $\phi(Z_i)$ が求める補正項であることもわかる。補正項は $\kappa(P) \equiv \mathbb{E}[m(Z_i, \theta_0, \eta(P))]$ というパラメータの影響関数を求めることで得られるということもできる。

4.4.4 η_0 が回帰関数の場合

一般の関数 η_0 について (4.20) 式を満たす $\phi(Z_i)$ を求めることは必ずしも容易ではないが、η_0 が回帰関数のときにはシンプルな表現が得られる。まず、微分の連鎖律から

$$
\begin{aligned}
\frac{\partial}{\partial t}\mathbb{E}[m(Z_i, \theta_0, \eta(P_t))] &= \mathbb{E}\left[\frac{\partial m(Z_i, \theta_0, \eta_0(X_i))}{\partial \eta}\frac{\partial \eta(P_t)}{\partial t}\right] \\
&= \frac{\partial}{\partial t}\mathbb{E}\left[\frac{\partial m(Z_i, \theta_0, \eta_0(X_i))}{\partial \eta}\eta(P_t)\right]
\end{aligned}
\tag{4.21}
$$

が成り立つ。さらに、関数 η_0 は回帰関数であり、ある Y_i について $\eta_0(x) = \mathbb{E}[Y_i | X_i = x]$ を満たすとする。分布 P_t の下での Y_i の X_i への回帰関数を $\eta_t(x)$ と表し、$\delta(X_i) = \mathbb{E}\left[\frac{\partial m(Z_i, \theta_0, \eta_0(X_i))}{\partial \eta} \mid X_i\right]$ と定義すると、(4.21) 式をさらに変形することが可能で、

$$
\begin{aligned}
\frac{\partial}{\partial t}\mathbb{E}\left[\frac{\partial m(Z_i, \theta_0, \eta_0(X_i))}{\partial \eta}\eta(P_t)\right] &= \frac{\partial}{\partial t}\mathbb{E}[\delta(X_i)\eta_t(X_i)] \\
&= \frac{\partial}{\partial t}\mathbb{E}_t[\delta(X_i)\eta_t(X_i)] - \frac{\partial}{\partial t}\mathbb{E}_t[\delta(X_i)\eta_0(X_i)] \\
&= \frac{\partial}{\partial t}\mathbb{E}_t[\delta(X_i)(Y - \eta_0(X_i))] \\
&= \mathbb{E}[\delta(X_i)(Y_i - \eta_0(X_i))S(Z_i)]
\end{aligned}
$$

が成り立つ。ただし、3 番目の等号は $\mathbb{E}_t[\delta(X_i)\eta_t(X_i)] = \mathbb{E}_t[\delta(X_i)Y_i]$ であることを用いている。よって、補正項は

$$
\phi(Z_i) = \mathbb{E}\left[\frac{\partial m(Z_i, \theta_0, \eta_0(X_i))}{\partial \eta} \mid X_i\right](Y_i - \eta_0(X_i))
\tag{4.22}
$$

で与えられる。またこれより、(4.16) 式が成り立つならば、$\phi(Z_i) = 0$ となることもわかる。

上記の方法を用いて、Hirano et al.（2003）の推定量の補正項を導出しよう。まず、τ_{ate} を識別するモーメント条件は

$$E\left[\frac{D_i Y_i}{p(X_i)} - \frac{(1-D_i)Y_i}{1-p(X_i)} - \tau_{ate}\right] = 0$$

で与えられる。モーメント条件は $p(X_i)$ を通じてしか関数 $p(\cdot)$ に依存せず、かつ、$p(X_i) = \mathbb{E}[D_i|X_i]$ なので、(4.22)式によって補正項が求められ、単純な計算により

$$\phi(D_i, X_i) = -\left(\frac{\mu_1(X_i)}{p(X_i)} + \frac{\mu_0(X_i)}{1-p(X_i)}\right)(D_i - p(X_i))$$

が得られる。またこれより、影響関数は

$$\Psi(Y_i, D_i, X_i) = \frac{D_i Y_i}{p(X_i)} - \frac{(1-D_i)Y_i}{1-p(X_i)} - \tau_{ate} \\ -\left(\frac{\mu_1(X_i)}{p(X_i)} + \frac{\mu_0(X_i)}{1-p(X_i)}\right)(D_i - p(X_i)) \tag{4.23}$$

となる。$\Psi(Y_i, D_i, X_i)$ の分散が、Hahn（1998）と Hirano et al.（2003）の推定量の漸近分散である。Hirano et al.（2003）の方法を使えば、τ_{ate} の点推定のためには μ_1 と μ_0 を推定する必要はないが、漸近分散は μ_1 と μ_0 に依存するので、統計的推測のためにはこれらを推定する必要がある。

　なお、(4.23)式を利用して、τ_{ate} を推定することも可能である。(4.23)式をモーメント関数とする ATE の推定量は AIPW（augmented IPW）推定量とも呼ばれ、二重頑健性（doubly robustness）と呼ばれる望ましい性質を満たす。$\tau_{ate} = \mathbb{E}[Y_i(1)] - \mathbb{E}[Y_i(0)]$ より、モーメント条件は

$$\mathbb{E}[Y_i(1)] = \mathbb{E}\left[\frac{D_i(Y_i - \mu_1(X_i))}{p(X_i)} + \mu_1(X_i)\right] \tag{4.24}$$

$$\mathbb{E}[Y_i(0)] = \mathbb{E}\left[\frac{(1-D_i)(Y_i - \mu_0(X_i))}{1-p(X_i)} + \mu_0(X_i)\right]$$

という 2 つのモーメント条件に分解できる。よって、$\mathbb{E}[Y_i(1)]$ と $\mathbb{E}[Y_i(0)]$ をそれぞれ

$$\frac{1}{n}\sum_{i=1}^{n}\left\{\frac{D_i(Y_i-\hat{\mu}_1(X_i))}{p(X_i)}+\hat{\mu}_1(X_i)\right\}$$

$$\frac{1}{n}\sum_{i=1}^{n}\left\{\frac{(1-D_i)(Y_i-\hat{\mu}_0(X_i))}{1-p(X_i)}+\hat{\mu}_0(X_i)\right\}$$

によって推定すれば、τ_{ate} が推定できる。二重頑健性とは、2つの未知関数の
いずれか一方の定式化が正しければ、もう一方の定式化が誤っていたとして
も、興味のあるパラメータの一致推定量が得られることを指す。$\mathbb{E}[Y_i(1)]$ の推
定において二重頑健性が満たされる理由は、(4.24) 式において μ_1 と p のどち
らか一方を別の関数で置き換えても、等号が成立するためである。実際、μ_1
を g_1 という別の関数で置き換えたとしよう。すると、繰り返し期待値の法則
と非交絡の仮定から

$$\mathbb{E}\left[\frac{D_i(Y_i-g_1(X_i))}{p(X_i)}+g_1(X_i)\right]$$
$$=\mathbb{E}\left[\frac{\mathbb{E}[D_i\,|\,X_i]\mathbb{E}[Y_i(1)\,|\,X_i]}{p(X_i)}\right]-\mathbb{E}\left[\frac{\mathbb{E}[D_i\,|\,X_i]g_1(X_i)}{p(X_i)}\right]+\mathbb{E}[g_1(X_i)]$$
$$=\mathbb{E}[Y_i(1)]$$

が成り立つ。p を別の関数で置き換えた場合や、$\mathbb{E}[Y_i(0)]$ についても同様であ
る。

ちなみに、モーメント関数(4.23)式を用いることは、未知関数をノンパラメ
トリックに推定する場合でもメリットがあり、それについては 7.4.2 項と
7.4.3 項で解説する。

📈4.5 補論 **

4.4 節の内容に関連して、いくつかの補足的な定義を導入する。補論の内容
のさらなる詳細については、van der Vaart（2000）や引用している文献を参照
されたい。

4.5.1 正則な推定量と微分可能なパラメータ

$Z_1, ..., Z_n$ は集合 $\mathcal{Z}$ 上に定義された i.i.d.の確率変数で、その周辺分布を P で

表す。また、可能な P の集合を $\mathcal{P}$ で表す。つまり、$\mathcal{P}$ は分析者が考察している。モデルを表している。例えば、Z_i が正規分布に従うというパラメトリックモデルを考えるなら、$\mathcal{P}$ は正規分布全体の集合、すなわち、$\mathcal{P} = \{N(\mu, \sigma^2) : \mu \in (-\infty, \infty), \sigma^2 \in (0, \infty)\}$ であるし、ノンパラメトリックモデルであれば、$\mathcal{P}$ は密度関数の存在などの一定の条件を満たす $\mathcal{Z}$ 上のすべての分布の集合ということになる。今は $\mathcal{P}$ としてセミパラメトリックモデルを想定する。また、興味のある有限次元パラメータは、汎関数 $\phi : \mathcal{P} \to \mathbb{R}^p$ によって、$\phi(P)$ と表されるとする。

$\{P_t\}$ をパスとして、次のような条件を満たす関数 S が存在するとする。

$$\lim_{t \to 0} \int \left(\frac{dP_t^{1/2} - dP^{1/2}}{t} - \frac{1}{2} S dP^{1/2} \right)^2 = 0 \tag{4.25}$$

このとき、パスは $t = 0$ において Hellinger 微分可能であると言ったり、2 乗平均の意味で微分可能（differentiable in quadratic mean）であると言ったりする。(4.25) 式を満たす関数 S はスコア関数と呼ばれる。なぜなら、通常 $S(z)$ は

$$\left. \frac{d \log dP_t(z)}{dt} \right|_{t=0} \tag{4.26}$$

と一致するためである。ただし、(4.25) 式を満たす S が存在するためには、(4.26) 式が必ずしもすべての z について存在する必要はない。(4.25) 式を満たす S が存在するならば、S は必ず $\mathbb{E}[S(Z)] = 0$ と $\mathbb{E}[S(Z)^2] < \infty$ を満たすことが知られている（van der Vaart 2000 などを参照）。

次に、スコア関数がなす集合について考える。上記の結果から、スコア関数全体がなす集合は次のように表される。

$$L_2^0(P) \equiv \{S : \mathcal{Z} \to \mathbb{R} \,|\, \mathbb{E}[S(Z)] = 0 \text{ and } \mathbb{E}[S(Z)^2] < \infty\}$$

となる。また、$\dot{\mathcal{P}}_P$ を次のように定義する。

$$\dot{\mathcal{P}}_P = \{S \in L_2^0(P) \,|\, (4.25) \text{ holds for some } P_t \in \mathcal{P}\}$$

$\dot{\mathcal{P}}_P$ はモデル $\mathcal{P}$ の P における接集合（tangent set）と呼ばれ、セミパラメトリックモデルと整合的なパス、すなわち $P_t \in \mathcal{P}$ を満たすパスから得られるスコア全体の集合である。接集合は多くの場合は線形空間であり、以下でもそのように仮定する。すると、$L_2^0(P)$ は接集合の閉包とその直交補空間の直和によって表される（Chen and Santos 2018）。

続いて、正則（regular）な推定量を定義する。T_n をある推定量とする。スコア S を持つパスを $P_{t,s}$ と表し、ある分布 L が存在して、任意の $S \in \dot{\mathcal{P}}_P$ について、$n \to \infty$ のとき

$$\sqrt{n}\,(T_n - \phi(P_{1/\sqrt{n},S})) \overset{S}{\rightsquigarrow} L$$

が成り立つとする。ただし、$\overset{S}{\rightsquigarrow}$ は Z_i が分布 $P_{1/\sqrt{n},S}$ に従うときの分布収束を表す。このとき、T_n は $\phi(P)$ の正則な推定量であると言う。この定義のポイントは、漸近分布である L がパスの取り方（つまり S）に依存しない点にある。このことは、データ生成過程の微小な変化に対して、推定量の分布が頑健であることを意味している。

次に、汎関数 ϕ の微分可能性の定義を与える。任意の $S \in \dot{\mathcal{P}}_P$ について

$$\lim_{t \to 0} \frac{\phi(P_{t,S}) - \phi(P)}{t} = \dot{\phi}_P S$$

を満たす連続な線形写像 $\dot{\phi}_P : L_2^0(P) \to \mathbb{R}^p$ が存在するとする。このとき、ϕ は接集合 $\dot{\mathcal{P}}_P$ に関して P において微分可能であると言う。$\dot{\phi}_P$ は Hilbert 空間上の線形写像なので、Riesz の表現定理から内積を用いて表すことも可能で

$$\dot{\phi}_P S = \mathbb{E}[\tilde{\phi}_P(Z_i) S(Z_i)]$$

を満たすような $\tilde{\phi}_P$ が存在する。この $\tilde{\phi}_P$ は有効影響関数（efficient influence function）と呼ばれる。なお、漸近的に線形で正則な $\phi(P)$ の推定量が存在することは、ϕ が微分可能であることの十分条件となっている（van der Vaart 1991）。

ϕ が微分可能であるとき、$\phi(P)$ の正則な推定量の漸近共分散行列の下限は $\mathbb{E}[\tilde{\phi}_P(Z_i)\tilde{\phi}_P(Z_i)']$ で与えられることが知られている（これを convolution theorem と言う）。また、漸近共分散行列の下限に到達可能な正則な推定量は必ず漸近的に線形で

$$\sqrt{n}\,(T_n - \psi(P)) = \frac{1}{\sqrt{n}} \sum_{i=1}^{n} \tilde{\psi}_P(Z_i) + o_p(1)$$

を満たす。このことから、$\tilde{\psi}_P$ は有効影響関数と呼ばれる。

　同じモデルの同じパラメータに対して、複数の正則な推定量が存在することがある。その場合、すべての推定量が漸近的に同等になることもあれば、ある推定量が他の推定量より漸近的に効率的になる場合もある。Chen and Santos (2018) は、$\dot{\mathcal{P}}_P$ の閉包が $L_2^0(P)$ と等しくなることが、すべての正則な推定量が漸近的に同等になるための必要十分条件であり、$\dot{\mathcal{P}}_P$ の閉包が $L_2^0(P)$ の真部分集合となることが、効率的な推定量が存在する（他の推定量より漸近分散の小さい推定量が存在する）ための必要十分条件であることを示している。したがって、4.4.3 項の結果を用いるためには、$\dot{\mathcal{P}}_P$ の閉包が $L_2^0(P)$ と等しくなければならない。この条件は、$L_2^0(P)$ に属するどんなスコア関数もセミパラメトリックモデルと整合的であることを意味している。同様の結果は Newey (1994) の Theorem 2.1 でも示されている。

4.5.2　なぜ正則な推定量か

　前項の最後で、正則な推定量の漸近分散の下限が $\mathbb{E}[\tilde{\psi}_P(Z_i)\tilde{\psi}_P(Z_i)']$ で与えられることを述べた。しかしなぜ、正則な推定量に考察の対象を限定するのだろうか。任意の推定量の漸近分散の下限が得られた方が、より望ましいだろう。推定量のクラスを限定する理由は、有限標本での性質が悪いにもかかわらず、漸近分散で評価すると良い推定量であるかのように見えてしまう推定量を、考察の対象から排除するためである。

　次のようなシンプルな設定を考える。$Z_1, ..., Z_n$ は i.i.d. で $N(\theta, 1)$ に従うものとし、期待値である θ を推定したいとする。最も標準的な推定量は最尤推定量（MLE：maximum likelihood estimator）であり、今の場合は標本平均に等しい。MLE を $\hat{\theta}_{\text{MLE}}$ とすると、任意の $\theta \in \mathbb{R}$ について

$$\sqrt{n}\,(\hat{\theta}_{\mathrm{MLE}}-\theta) \overset{\theta}{\rightsquigarrow} N(0,1)$$

が成り立つ。ただし、$\overset{\theta}{\rightsquigarrow}$ は真のデータ生成過程が $N(\theta,1)$ であるときの分布収束を表す。最尤推定量の漸近分布は θ に依存していないことがわかる[12]。

一方、次のような推定量を新たに考える。

$$\hat{\theta}_H = \begin{cases} \hat{\theta}_{\mathrm{MLE}} & |\hat{\theta}_{\mathrm{MLE}}| \geq n^{-1/4} \text{ のとき} \\ 0 & |\hat{\theta}_{\mathrm{MLE}}| < n^{-1/4} \text{ のとき} \end{cases}$$

つまり、MLE の推定値が $n^{-1/4}$ より大きい場合は MLE をそのまま採用し、$n^{-1/4}$ よりも小さい場合は 0 と推定する。この推定量は Hodges の推定量と呼ばれる。証明は与えないが、Hodges の推定量は、$\theta \neq 0$ のときには

$$\sqrt{n}\,(\hat{\theta}_H-\theta) \overset{\theta}{\rightsquigarrow} N(0,1)$$

を満たし、$\theta = 0$ のときには

$$\sqrt{n}\,(\hat{\theta}_H-0) \overset{\theta}{\rightsquigarrow} 0 \tag{4.27}$$

を満たすことが知られている。(4.27)式は真の期待値が 0 であるときには、Hodges の推定量は MLE よりもずっと早いスピードで 0 に確率収束することを表している。実はこれよりもっと強い結果である $P_0(\hat{\theta}_H = 0) \to 1$ も成り立つ。つまり、Hodges の推定量は高い確率で真の期待値と等しくなる。

以上の結果から、真の期待値が 0 でないときには 2 つの推定量は漸近的に同等であるが、真の期待値が 0 であるときには Hodges の推定量の方が MLE よりも優れていることがわかった。よって、漸近分散で評価すると、MLE より優れた推定量が作れたことになる。しかしながら、実際のデータ分析で Hodges の推定量が使われることはまずない。

なぜ Hodges の推定量が使われないかというと、実証研究者はそもそも Hodges の推定量を知らないということもあるだろうが、有限標本での性質に問題があるからである。図 4.1 は $n = 5$（実線）、50（破線）、500（点線）の

---

12) 現在の設定の下では、$N(0,1)$ は $\sqrt{n}\,(\hat{\theta}_{\mathrm{MLE}}-\theta)$ の厳密分布でもある。

図 4.1　Hodges の推定量の MSE

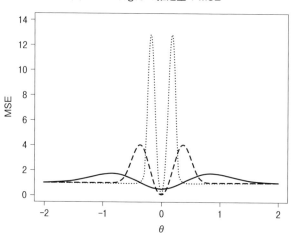

ケースで基準化した MSE である $\mathbb{E}_\theta[n(\hat{\theta}_H-\theta)^2]$ をプロットしたものである。ただし、$\mathbb{E}_\theta$ はデータ生成過程が $N(\theta,1)$ であるときの期待値を表す。横軸は真の θ の値を表している。MLE ではすべての n と θ について MSE は 1 なので、Hodges の推定量は $\theta=0$ でのパフォーマンスを向上させる見返りとして、0 の近傍でのパフォーマンスを犠牲にしてしまっていることがわかる。また、MSE の最大値はサンプルサイズの増加とともに大きくなっていることも見て取れる。理論的には、$n \to \infty$ のとき

$$\sup_{\theta \in \mathbb{R}} \mathbb{E}_\theta[n(\hat{\theta}_H-\theta)^2] \to \infty$$

となることが知られている。つまり、どれだけサンプルサイズを大きくしようとも、MSE の値が非常に大きくなるような θ が存在するのである。MSE を最大にする θ はサンプルサイズ n に応じて変化するので、θ を固定した下で n を大きくするような漸近理論では、このような Hodges の推定量の欠点が隠れてしまう。

　MLE と Hodges の推定量の MSE の違いはどこからきているかというと、MLE の分布は θ について不変なのに対し、Hodges の推定量の分布は θ が 0 からわずかに変化しただけで、劇的に変化することに起因する。正則な推定量とは、データ生成過程のわずかな変化について漸近分布が不変な推定量のことで

あり、漸近分散に関する最適性を議論する際には、Hodges の推定量のような
推定量を排除するために、正則な推定量にクラスを限定する。

第5章 回帰木とアンサンブル学習

　回帰関数のノンパラメトリック推定量として、3章ではカーネル推定量とシリーズ推定量を紹介した。本章では、機械学習の分野で発展してきたノンパラメトリック回帰の手法である回帰木と、その拡張手法であるバギング、ランダムフォレストなどの手法について解説する。回帰木とはその名のとおり木の構造を持つモデルであり、ランダムフォレストは多数の木を集めてモデルを構築することから、そのように名付けられている。

　ノンパラメトリック回帰では次元の呪いが問題となるが、ランダムフォレストは共変量の次元が比較的大きい場合でも良い予測パフォーマンスをあげると言われている。その理由のひとつは、応答変数の予測に寄与しない共変量をデータ依存的にモデルから取り除くことができるところにあると考えられる。カーネル法とランダムフォレストはよく似た構造を持っており、どちらも回帰関数を推定したい点の近傍の観測値の応答変数の加重平均をとることで回帰関数を推定する。一方で、両者は近傍の取り方に大きな違いがあり、これがパフォーマンスの違いを生み出す。

　本章の最後では、回帰木をベースにした因果推論の方法を紹介する。機械学習の手法は元々は予測のために開発されたものが多いが、近年では統計学や計量経済学の多くの問題に対して機械学習の手法が応用されている。5.4節で紹介する因果フォレストは、異なる特徴を持つ部分母集団の間での処置効果の異質性を調べるのに有用である。例えば、Davis and Heller（2020）ではこの手法を利用し、若者が就業プログラムに参加することや、社会性と情動の学習

（social-emotional learning）プログラムに参加することが、将来の犯罪行動などのアウトカムに与える異質的な効果を調べている。

📈5.1　決定木

決定木（decision tree）は、木の構造を持つモデルである。決定木はさらに、予測対象がカテゴリー変数の場合とそうでない場合で、分類木（classification tree）と回帰木（regression tree）に分けられる。本章では主として CART（classification and regression tree）と呼ばれる決定木を求めるためのアルゴリズムを紹介する。ただし、決定木を求めるためのアルゴリズムはその他にもいくつか存在しており、以下で紹介する方法に限定されるわけではない。

5.1.1　分類木

応答変数 Y_i は 2 値変数であるとし、$Y_i = 1$ のときをクラス 1、$Y_i = 0$ のときをクラス 0 と呼ぶことにする。共変量のベクトル $\boldsymbol{X}_i = (X_{i1}, ..., X_{ip})'$ を基にして、個体 i がどちらのクラスに属するかを予測する問題を考える[1]。このような問題を考える際、計量経済学ではプロビットモデルやロジットモデルなどの二項選択モデルが用いられることが多いが、機械学習では分類木と呼ばれる方法がしばしば用いられる。

分類木のイメージを掴むために、具体的な分析例から始めることにしよう。データは、計量経済学では有名な HMDA（home mortgage disclosure act）データを用いる。詳細な説明は省略するが、分析に用いたデータには、米国で住宅ローンの借り入れを申し込んだ 2380 名について、審査結果（通らなかったらクラス 1、通ったらクラス 0）とともに、返済能力などの個人の属性を表す共変量が含まれている[2]。2380 名のうち 285 名が申請を却下されている。ここでの目的は、共変量を基にして個体がどちらのクラスに属するか予測するモデルを作ることである。予測に用いる共変量としては、月収に対する月々の返済額

1）機械学習では、共変量よりも特徴量（feature）という用語の方がよく用いられる。これに限らず、本書では基本的には統計学の用語を用いて解説する。

2）データに関する詳細は、Munnell et al.（1996）などを参照。

図 5.1 分類木のイメージ

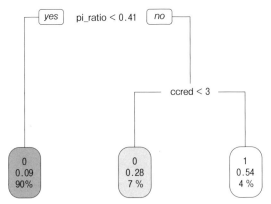

の比率（**pi_ratio**）と、1 から 6 までの整数値をとる信用を表すスコア（**ccred**）の 2 つのみを採用した。

　図 5.1 は R のパッケージである **rpart** と **rpart.plot** を用いて得られた分類木である。分類木は、枝分かれの点を表すノード（node）と、ノードとノードをつなぐエッジ（edge）からなる。図の一番上に位置する出発点となるノードを根（root）ノードと言い、これ以上分岐のない最終地点を葉（leaf）ノードやリーフ、終端（terminal）ノードなどと呼ぶ。また、最大の階層の数のことを深さ（depth）と言う。図 5.1 では、深さは 2 である。図を見ると、まず、**pi_ratio** が 0.41 未満かどうかで、2 つのノードに分岐している。さらに、**pi_ratio** が 0.41 以上のノードが、**ccred** の値によって 2 つのノードに分かれている。こうして最終的には 3 つのリーフが作成されている。リーフに書いてあるそれぞれの数字の意味であるが、一番上の数字はリーフにおけるクラスの予測値を表している。各リーフに対して 1 つの予測値が与えられる。今 の 例 で は、**pi_ratio** < 0.41 の人は審査に通ると予測し、**pi_ratio** ≥ 0.41 かつ **ccred** ≥ 3 の人は審査に通らないと予測する。各リーフにおける予測値は、リーフの最も多くの個体が属するクラスによって決まる。予測値の下の数字は、リーフの個体のうちクラス 1 に属する個体の割合を表している。一番下の数字は、標本全体の中で各リーフの個体が占める割合である。

　では、分類木がどのようなアルゴリズムで作成されるのかを説明しよう。分

類木を得るために決めるべきことは、ノードの分岐に用いる共変量とその閾値である。CART では根ノードから出発して、分割後の各ノードの不純度を最小にするように共変量と閾値を決定する。不純度とは各リーフにおけるクラスの混ざり具合のことであり、1 つのクラスの占める割合が高いほど不純度は低い。不純度の指標としては、ジニ係数が用いられる[3]。ノード j のジニ係数は、ノード j においてクラス 1 に属する個体の割合を p_{1j}、クラス 0 に属する個体の割合を p_{0j} とすると

$$I_G(j) = p_{1j}(1-p_{1j}) + p_{0j}(1-p_{0j}) = 1-(p_{1j}^2 + p_{0j}^2) = 2p_{1j}(1-p_{1j})$$

で定義される。ジニ係数は $p_{1j} = p_{0j} = 1/2$ のとき最大となり、$p_{1j} = 1$ もしくは $p_{0j} = 1$ のとき最小となる。ノード j をノード k とノード l に分割する場合は、ノード j の個体数を n_j、分割後のノード k と l の個体数を n_k と n_l とすると

$$\frac{n_k}{n_j} I_G(k) + \frac{n_l}{n_j} I_G(l)$$

を最小にするように共変量と閾値を決定する。

　最も望ましいリーフの決め方は、できるだけ少数でかつ不純度の小さいリーフを作ることである。CART では、各ノードにおいて局所的に最適な方法で分岐を決定するので、木全体で見たときに大域的に最適である保証はない。CART のように各段階でとりうる選択肢の中で最良の選択をし続けるアルゴリズムを貪欲（greedy）なアルゴリズムと言う。貪欲なアルゴリズムは最適なアルゴリズムではないが、探索範囲を限定することで計算時間を短縮できる。

　分類木は、共変量のとりうる値の空間（以下では共変量空間と呼ぶ）を分割していると考えることもできる。図 5.2 は図 5.1 に対応しており、横軸は **pi_ratio** のとりうる範囲、縦軸は **ccred** のとりうる範囲を表している（ただし、**ccred** は整数値をとる）。点は観測値を表している。図 5.1 において **pi_ratio** $= 0.41$ を閾値として分岐をすることは、図 5.2 において、**pi_**

　3）ジニ係数以外にも、交差エントロピーと呼ばれる不純度の指標もある。

図5.2 共変量空間の分割

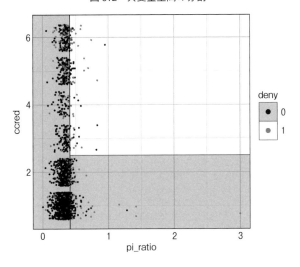

`ratio` = 0.41 のところで縦の直線を引くことに対応する。分岐を増やしてい
けば、軸に並行な縦と横の分割の線が増えていき、同じ長方形に属する個体に
ついては同じクラスを予測する。共変量が3つの場合は、直方体を分割するこ
とになる。このように、共変量と閾値の選択の問題を、共変量空間を分割する
問題であると考えることは、この後で回帰の問題を考える際に役に立つ。

　図示の都合上、共変量が2つのみで、リーフも少ないシンプルな分類木を例
として挙げたが、応用上はもっと共変量やリーフの数が多い分類木が使われ
る。また、一度分岐に用いた共変量は再度分岐に用いても構わないので、閾値
を変えながら複数回同じ共変量が用いられる場合もある。そのため、分岐を続
けていけば、いずれは不純度0の分類木を構築することができる。極端なケー
スとして、各リーフにひとつの観測値しかなければ、必然的に不純度は0であ
る。しかし、そのような分類木が予測の役に立たないのは明らかであろう。分
類木を用いる目的は、まだ応答変数が観測されていない未知の個体について、
その個体が属するクラスを予測することである。そのためには、フィットの良
さ（不純度の低さ）とモデルの複雑さのバランスを取るようにモデルを構築す
る必要がある。

5.1.2　回帰木

前項では応答変数が 2 値変数の場合を考えたが、2 値以上の値をとるカテゴリー変数の場合や、実数値をとる場合にも同様の 2 進分岐でモデルを構築することができる。応答変数がカテゴリー変数ではない決定木は、回帰木と呼ばれる。回帰木では、分岐に用いる共変量 l と共変量の閾値 s を、次のような値を最小にするように選ぶ。

$$\min_{c_1} \sum_{i:\, X_{il} \le s} (Y_i - c_1)^2 + \min_{c_2} \sum_{i:\, X_{il} > s} (Y_i - c_2)^2 \tag{5.1}$$

(5.1) 式の意味であるが、l と s を所与とすると、c_1 は $X_{il} \le s$ を満たす個体の応答変数の標本平均、c_2 は $X_{il} > s$ を満たす個体の応答変数の標本平均となる。よって、(5.1) 式の第 1 項と第 2 項は、それぞれ分岐後のノードにおける応答変数の標本分散に観測個数を掛けたものになっている。そのため、分割後の 2 つのノードの標本分散の加重和を最も小さくするように、共変量 l と閾値 s を同時に決定する。

このような分岐を繰り返して得られる回帰木は、Y_i の $\boldsymbol{X}_i$ への回帰関数を推定しているとも解釈できる。分岐を繰り返して、最終的に $L_1, ..., L_J$ の J 個のリーフが得られたとする。このとき、回帰木による回帰関数 $\mu(\boldsymbol{x}) = \mathbb{E}[Y_i | \boldsymbol{X}_i = \boldsymbol{x}]$ の推定値は

$$\hat{\mu}(\boldsymbol{x}) = \sum_{j=1}^{J} \hat{c}_j 1\{\boldsymbol{x} \in L_j\} \tag{5.2}$$

で与えられる。ただし、$\hat{c}_j$ は

$$\hat{c}_j = \frac{\sum_{i=1}^{n} 1\{\boldsymbol{X}_i \in L_j\} Y_i}{\sum_{i=1}^{n} 1\{\boldsymbol{X}_i \in L_j\}} \tag{5.3}$$

である。つまり、各リーフにおける回帰関数の推定値は、リーフ内の観測値の応答変数の標本平均で与えられる。(5.2) 式からすぐにわかるように、回帰木による回帰関数の推定量は階段関数になっている。

回帰木はカーネル推定量と似ている。(3.1) 式と (5.3) 式を見比べるとわかるとおり、回帰木でもカーネル法でも、点 $\boldsymbol{x}$ の近傍にある個体の応答変数の (加重) 平均を求めることで $\mu(\boldsymbol{x})$ を推定する。回帰木では、点 $\boldsymbol{x}$ を含むリー

フが近傍となる。5.1.1 項で述べたとおり、分岐を増やすことは共変量空間の分割を細かくすることに対応する。よって、分岐を増やすことは、カーネル推定においてバンド幅を小さくすることに相当する。そのため、分岐を増やすとバイアスは小さくなるのに対して、各々のリーフに含まれる観測値の数が少なくなるため分散が大きくなる。

リーフの数の決め方としては、各リーフに含まれる観測値の数が十分小さくなるまで（例えば 5 個くらい）分岐を繰り返して回帰木（これを T_0 とする）を得た後で、T_0 から不要なエッジを剪定（prune）してリーフを減らしていくことが多い。T_0 から剪定によって得られる回帰木を T とし、T を用いたときの回帰関数の推定値を $\hat{\mu}_T(\boldsymbol{x})$ とすると、方針としては次のような基準を小さくするように T を決定する。

$$C_\alpha(T) = \sum_{i=1}^{n} (Y_i - \hat{\mu}_T(\boldsymbol{X}_i))^2 + \alpha \, |\, T \,|$$

ただし、$|\, T \,|$ は回帰木 T のリーフの数であり、$\alpha > 0$ はチューニングパラメータである。上式の右辺第 1 項は回帰木のフィットの良さを表し、第 2 項は複雑な回帰木を用いることに対するペナルティーを表している。チューニングパラメータの値は、交差検証法などで決定される。

回帰木とカーネル回帰はよく似ているが、近傍の求め方については大きく異なる。回帰木では (5.1) 式に基づいて共変量空間が分割されるため、予測にあまり寄与しない共変量は分割に用いられない。それはつまり、データ依存的に共変量の次元削減を行っていることを意味する。これにより、共変量の次元がある程度大きいときでも回帰木は機能する。

一方で、リーフの決定と期待値の推定を同時に行う CART アルゴリズムは、推定量にバイアスをもたらし、統計的推測を行うときには問題となりうる[4]。なぜ回帰木の推定量にはバイアスが生じるのか、Athey and Imbens（2016）の例を用いて考えることにする。単純化のため、共変量はスカラーで、$\{0, 1\}$ という 2 値しかとらないものとする。$X_i = 1$ である個体についての応答変数の

---

[4] カーネル回帰も近傍の平均をとることから生じるバイアスを持つが、ここでいうバイアスはそれとは別のソースのバイアスである。

標本平均を $\bar{Y}_1$、$X_i = 0$ である個体についての応答変数の標本平均を $\bar{Y}_0$ とすると、$\bar{Y}_1 - \bar{Y}_0$ は $\mu(1) - \mu(0)$ の不偏推定量である。ところが、ある定数 $c > 0$ について、$\bar{Y}_1 - \bar{Y}_0 > c$ ならば $X = 1$ と $X = 0$ の 2 つのリーフに分割し、そうでなければリーフを分割しないことにするとしよう。すると、リーフが分割されたこと（$\bar{Y}_1 - \bar{Y}_0 > c$）を条件とすると、$\bar{Y}_1 - \bar{Y}_0$ は $\mu(1) - \mu(0)$ の不偏推定量とはならず、$\mu(1) - \mu(0)$ を過大に推定してしまう。

このような回帰木のバイアスの問題を回避する方法のひとつは、リーフの構築に用いる観測値と、期待値の推定に用いる観測値を分けることである。Athey and Imbens（2016）では標本を 2 分割し、一方をリーフの構築に、もう一方を期待値の推定に用いることを提案している。つまり、一方の部分標本で (5.2) 式における $L_1, ..., L_J$ を求め、もう一方の部分標本で $\hat{c}_1, ..., \hat{c}_J$ を求める。このような方法を、Athey and Imbens（2016）では偽りのない（honest）推定と呼んでいる[5]。

偽りのない推定のためには、CART のアルゴリズムでリーフを構築することは必ずしも適切ではない。というのも、CART の分岐ルールは、リーフの構築と期待値の推定を同一のデータで行うことを前提としているからである。そこで、Athey and Imbens（2016）は偽りのない推定に適したリーフの構築方法を提案している。さらに彼らは、彼らの提案手法を因果推論の問題へと拡張し、条件付平均処置効果（CATE：conditional average treatment effect）

$$\tau(\boldsymbol{x}) = \mathbb{E}[Y_i(1) - Y_i(0) \,|\, \boldsymbol{X}_i = \boldsymbol{x}] \tag{5.4}$$

の推定方法についても提案している。ATE は母集団全体の平均的な処置効果を表すのに対し、CATE は共変量の値によって分割された部分母集団の平均的な処置効果を表している。よって、CATE は処置効果の異質性を捉えるために有用である。CATE の推定については 5.4 節で論じる。

5）3.3 節で登場したで「偽りのない信頼区間」とは異なる意味で「偽りのない」という言葉を用いている。

📈5.2 バギングとランダムフォレスト

　回帰木は、推定の仕組みは直感的にわかりやすいが、あまり正確な推定結果をもたらさない。その理由のひとつは、回帰関数の推定量が階段関数になっており、リーフの境界で不連続に変化するためである。そのような回帰木の弱点を補う方法として、複数の回帰木を作成して、それぞれの回帰木からの推定値の平均を求めることで、回帰関数を推定する方法が提案されている。単体ではあまり性能の良くないアルゴリズム（機械学習の言葉では弱学習器）を組み合わせることで、性能の良いアルゴリズム（強学習器）を得る方法をアンサンブル（ensemble）学習と言い、機械学習でよく用いられるテクニックである[6]。本節では、バギング（bagging）と、それを発展させた手法であるランダムフォレスト（random forest）を紹介する。アンサンブル学習は分類木に対しても適用できるが、本節では回帰木のケースのみを考える。

　Breiman（1996）により提案されたバギングは、ブートストラップ・アグリゲーティング（bootstrap aggregating）を縮めたものであり、その名前のとおり、ブートストラップによって得られた複数の回帰木を組み合わせる方法である。ブートストラップとは、与えられた標本から復元抽出を繰り返し、いくつもの標本の複製を作る方法である。

　バギングのアルゴリズムは次のようにまとめられる。

1. オリジナルの標本 $\{(Y_1, \boldsymbol{X}_1), ..., (Y_n, \boldsymbol{X}_n)\}$ から応答変数と共変量のペアを n 組無作為に復元抽出し、新たな標本（ブートストラップ標本）$\{(Y_1^*, \boldsymbol{X}_1^*), ..., (Y_n^*, \boldsymbol{X}_n^*)\}$ を得る。
2. ブートストラップ標本を用いて、回帰木を求める。
3. ステップ 1 と 2 を合計 B 回繰り返し、B 個の回帰関数の推定値 $\hat{\mu}_1(\boldsymbol{x}), ..., \hat{\mu}_B(\boldsymbol{x})$ を得る。

---

[6] 複数のモデルを組み合わせて良い予測モデルを得る手法は統計学や計量経済学でも用いられており、モデルアベレージング（model averaging）と呼ばれる方法が有名である。

4. B 個の推定値の平均である

$$\hat{\mu}(\boldsymbol{x}) = \frac{1}{B} \sum_{b=1}^{B} \hat{\mu}_b(\boldsymbol{x})$$

を最終的な $\mu(\boldsymbol{x})$ の推定値とする。

バギングにより推定された回帰関数は滑らかになり、一般には単独の回帰木よりも良い推定結果をもたらす。特に、単独の回帰木よりも分散を削減する効果があるとされている（Bühlmann and Yu 2002）。しかし、回帰木同士の相関が高いときには、平均をとることによる分散の削減効果は限定的である。ブートストラップによってサンプルを複製すると、似たような回帰木が生成される傾向にあるため、相関が高くなりがちである。そのため、推定量の性能をさらに上げるには、回帰木にばらつきを生み出す必要がある。

ランダムフォレスト（Breiman 2001）では、ブートストラップでランダムに標本を発生させるとともに、共変量空間を分割する共変量についてもランダムに選択することで、回帰木のバリエーションを増やす。ランダムフォレストのアルゴリズムは次のようにまとめられる。

1. オリジナルの標本 $\{(Y_1, \boldsymbol{X}_1), ..., (Y_n, \boldsymbol{X}_n)\}$ から応答変数と共変量のペアを n 組無作為に復元抽出し、ブートストラップ標本 $\{(Y_1^*, \boldsymbol{X}_1^*), ..., (Y_n^*, \boldsymbol{X}_n^*)\}$ を得る。

2. ブートストラップ標本を用いて、以下の規則に従って回帰木を求める。

   (a) ノードごとに元々の p 個の共変量から m 個の共変量をランダムに選ぶ。

   (b) m 個の共変量の中から、(5.1)式を最小にする共変量と閾値を決める。

3. ステップ 1 と 2 を合計 B 回繰り返し、B 個の回帰関数の推定値 $\hat{\mu}_1(\boldsymbol{x})$, ..., $\hat{\mu}_B(\boldsymbol{x})$ を得る。

4. B 個の推定値の平均である

$$\hat{\mu}(\boldsymbol{x}) = \frac{1}{B} \sum_{b=1}^{B} \hat{\mu}_b(\boldsymbol{x})$$

を最終的な $\mu(\boldsymbol{x})$ の推定値とする。

バギングはランダムフォレストの特殊ケース $(m = p)$ になっている。

　ステップ 1 と 2 に関してはいくつかのバリエーションが存在する。まず、ステップ 1 については、ブートストラップではなく、サブサンプリング（subsampling）を用いる場合もある。サブサンプリングも、ブートストラップと同様にオリジナルの標本から新しい標本を抽出する方法であるが、ブートストラップとは異なり、元々のサンプルサイズ n よりも小さな標本を非復元抽出する。ステップ 2 においては、いくつの共変量をランダムに選ぶか決める必要があるが、多くのパッケージでは、$m = p/3$ もしくは $m = \sqrt{p}$ がデフォルトの設定になっているようである。このように一部の共変量のみをランダムに選ぶことで、回帰木にバリエーションが生まれ、回帰木同士の相関が削減される。また、ステップ 2 で回帰木を求める際に、各リーフに含まれる最小の観測値の個数をいくつにするかを決めておくが、その決め方についてもいくつかの方法が存在する。

　ランダムフォレストも、カーネル推定量と同様に、応答変数の加重平均を求めていると解釈することも可能である（Lin and Jeon 2006；Meinshausen and Ridgeway 2006 など）。b 個目の回帰木において、点 $\boldsymbol{x}$ を含むリーフを $L_b(\boldsymbol{x})$ とし

$$\alpha_{bi}(\boldsymbol{x}) = \frac{1\{\boldsymbol{X}_i \in L_b(\boldsymbol{x})\}}{\sum_{i=1}^{n} 1\{\boldsymbol{X}_i \in L_b(\boldsymbol{x})\}}$$

と定義する。すると、b 番目の回帰木は、$\hat{\mu}_b(\boldsymbol{x}) = \sum_{i=1}^{n} \alpha_{bi}(\boldsymbol{x}) Y_i$ と表される。ランダムフォレストでは、$\hat{\mu}_b(\boldsymbol{x})$ をさらに b について平均をとるので

$$\hat{\mu}(\boldsymbol{x}) = \sum_{i=1}^{n} \alpha_i(\boldsymbol{x}) Y_i$$

と表すことができる。ただし

$$\alpha_i(\boldsymbol{x}) = \frac{1}{B} \sum_{b=1}^{B} \alpha_{bi}(\boldsymbol{x})$$

である。ウエイト $\alpha_i(\boldsymbol{x})$ は、任意の $\boldsymbol{x}$ について、$\sum_{i=1}^{n} \alpha_i(\boldsymbol{x}) = 1$ と $\alpha_i(\boldsymbol{x}) \geq 0$ を満たす。

ランダムフォレストはカーネル法などの統計学でよく用いられるノンパラメトリック法と比べ、特に共変量の次元が大きいときによく機能することが多数の研究で報告されている。その理由のひとつは、回帰木の説明でも述べたように、回帰木の共変量の選択は (5.1) 式に基づいているため、応答変数にあまり影響を与えない共変量がノードの分岐に使用されないところにあるためであると考えられる。

一方で、リーフの決定と期待値の推定を同時に行う CART の特徴は、ブートストラップと組み合わされることで、ランダムフォレストの性質の数学的な分析をさらに困難にする。そのため、これまでにランダムフォレストを何らかの形で単純化したものについて、統計学的な性質が調べられてきた（Lin and Jeon 2006；Biau 2012 など）。とりわけ、5.4 節でも紹介する Wager and Athey (2018) は、回帰木が偽りのない方法（Athey and Imbens 2016）で求められた場合について、ランダムフォレスト推定量が漸近正規性を満たすことを示している。しかし、実際に最もよく用いられている CART を用いた場合のランダムフォレストの性質は、まだ完全に理解されているとは言い難い。Breiman のオリジナルのアルゴリズムを用いたランダムフォレストの一致性を調べた研究としては、Scornet et al.（2015）や Chi et al.（2022）などがあり、それらでは L_2 の意味での一致性、つまり

$$\mathbb{E}[(\hat{\mu}(\boldsymbol{X}) - \mu(\boldsymbol{X}))^2] \to 0$$

が満たされることが示されている。ただし、$\boldsymbol{X}$ は $\boldsymbol{X}_i$ と独立で同一の分布に従う。

📈 5.3　ブースティング

ブースティング（boosting）もアンサンブル学習の一種で、性能の低いアルゴリズムを組み合わせることで、高性能なアルゴリズムを得る手法である。しかし、バギングやランダムフォレストとはアイデアや手法がかなり異なる。

5.3.1 ブースティングのアイデア

ブースティングには様々なバリエーションがあるが、まずは一般的な設定で基本的なアイデアを解説する。データの分析者の目標は

$$\mathbb{E}[L(Y_i, F(\boldsymbol{X}_i))]$$

を最小にするような関数 F^* を推定することであるとする。関数 L は損失関数（loss function）と呼ばれ、Y と $F(\boldsymbol{X})$ の距離が大きいほど大きな値をとる関数である。例えば、$L(Y, F) = (Y-F)^2$ とすると、F^* は Y_i の $\boldsymbol{X}_i$ への回帰関数となる。

F^* の推定のため、次のようなモデルを当てはめることを考える。

$$F(\boldsymbol{x}\,;\{\boldsymbol{a}_m, \beta_m\}_{m=1}^M) = \sum_{m=1}^{M} \beta_m h(\boldsymbol{x}\,;\boldsymbol{a}_m) \tag{5.5}$$

ここで、$h(\boldsymbol{x}\,;\boldsymbol{a})$ も F^* を推定するためのモデルであり、$\boldsymbol{a}$ はモデルのパラメータである。h はベース学習器（base learner）と呼ばれる。例えば、ベース学習器を回帰木とすれば、(5.5)式はバギングやランダムフォレストと同様に、回帰木の加重和になっている。また、その場合のパラメータ $\boldsymbol{a}$ は、リーフとリーフにおける予測値である。

モデル(5.5)式の推定のためには

$$\sum_{i=1}^{n} L\left(Y_i, \sum_{m=1}^{M} \beta_m h(\boldsymbol{X}_i\,;\boldsymbol{a}_m)\right)$$

を最小にするように $\boldsymbol{a}_1, ..., \boldsymbol{a}_M$ と $\beta_1, ..., \beta_M$ を決定すればよい。しかし、通常はこれは計算量の観点から不可能である。そこで、最小化問題を一度に解くのではなく、逐次的に解くことにする。つまり、$m-1$ 番目のステップの推定値 $F_{m-1}(\boldsymbol{x}) = \sum_{j=1}^{m-1} \beta_j h(\boldsymbol{x}\,;\boldsymbol{a}_j)$ が与えられている下で

$$(\boldsymbol{a}_m, \beta_m) = \arg\min_{\boldsymbol{a}, \beta} \sum_{i=1}^{n} L(Y_i, F_{m-1}(\boldsymbol{X}_i)+\beta h(\boldsymbol{X}_i\,;\boldsymbol{a}))$$

を求めて

$$F_m(\boldsymbol{x}) = F_{m-1}(\boldsymbol{x})+\beta_m h(\boldsymbol{x}\,;\boldsymbol{a}_m)$$

により推定値を更新する。初期値 $F_0(\boldsymbol{x})$ を適当に与えてこれを繰り返せば、

$F^*(\boldsymbol{x})$ のブースティングによる推定量 $F_M(\boldsymbol{x})$ が得られる。なお、$L(Y, F) = (Y - F)^2$ のときには

$$L(Y_i, F_{m-1}(\boldsymbol{X}_i) + \beta h(\boldsymbol{X}_i ; \boldsymbol{a})) = L(Y_i - F_{m-1}(\boldsymbol{X}_i), \beta h(\boldsymbol{X}_i ; \boldsymbol{a}))$$

が成り立つので、この場合は前のステップで得られた残差に対して、逐次的にモデルを当てはめて推定していると解釈することもできる。

5.3.2　勾配ブースティング

　勾配ブースティング（gradient boosting）は Friedman（2001）によって提案された手法であり、最急降下法（steepest descent）と呼ばれる最適化のアルゴリズムと前項の逐次的な推定方法を組み合わせた推定方法である。

　まずは、最急降下法について簡単に説明をする。仮に (5.5) 式のようなモデルを想定せず、

$$\sum_{i=1}^{n} L(Y_i, F(\boldsymbol{X}_i))$$

を最小にするような n 次元ベクトル $(F(\boldsymbol{X}_1), ..., F(\boldsymbol{X}_n))'$ を求めることが目的であるとしよう。この場合は、目的関数の微分を用いた繰り返し計算によって最小値を求めることができる。計算の手順は次のとおりである。まず、$m-1$ 番目のステップで得られた推定値のベクトルを $\boldsymbol{F}_{m-1} = (F_{m-1}(\boldsymbol{X}_1), ..., F_{m-1}(\boldsymbol{X}_n))'$ として、その値の下での目的関数の勾配ベクトル $\boldsymbol{g}_m$ を求める。$\boldsymbol{y}_m$ の i 番目の成分は

$$g_{im} = \left.\frac{\partial L(Y_i, F(\boldsymbol{X}_i))}{\partial F(\boldsymbol{X}_i)}\right|_{F(\boldsymbol{X}_i) = F_{m-1}(\boldsymbol{X}_i)}$$

で与えられる。次に、

$$\rho_m = \arg\min_{\rho} \sum_{i=1}^{n} L(Y_i, F_{m-1}(\boldsymbol{X}_i) - \rho g_{im})$$

を求める。最後に $\boldsymbol{g}_m$ と ρ_m を用いて

$$\boldsymbol{F}_m = \boldsymbol{F}_{m-1} - \rho_m \boldsymbol{g}_m \tag{5.6}$$

により推定値を更新する。勾配ベクトル $\boldsymbol{g}_m$ は更新の方向を決定し、ρ_m はその方向へのステップの長さを決定する。この計算を繰り返せば、最小値に到達することができる。

更新アルゴリズム (5.6) 式の限界は、観測値の点である $\boldsymbol{X}_1, ..., \boldsymbol{X}_n$ においてしか、推定値の更新ができないところにある。よって、一般の $\boldsymbol{x}$ については、$F^*(\boldsymbol{x})$ を推定することができない。この問題点の解決策は、勾配ベクトルの代わりにベース学習器である h を用いて更新を行うことである。まず、$m-1$ 番目のステップの推定値 $F_{m-1}(\boldsymbol{x})$ と勾配ベクトル $\boldsymbol{g}_m$ が与えられている下で

$$(\boldsymbol{a}_m, \beta_m) = \arg\min_{\boldsymbol{a}, \beta} \sum_{i=1}^{n} (-g_{im} - \beta h(\boldsymbol{X}_i ; \boldsymbol{a}))^2$$

を求める。次に

$$\rho_m = \arg\min_{\rho} \sum_{i=1}^{n} L(Y_i, F_{m-1}(\boldsymbol{X}_i) - \rho h(\boldsymbol{X}_i ; \boldsymbol{a}_m))$$

を求めて、

$$F_m(\boldsymbol{x}) = F_{m-1}(\boldsymbol{x}) - \rho_m h(\boldsymbol{x} ; \boldsymbol{a}_m) \tag{5.7}$$

により推定値を更新をする。(5.6) 式と (5.7) 式はよく似ているが、後者は任意の $\boldsymbol{x}$ について推定値が求められる。また、(5.7) 式の繰り返しによって得られる推定量は、(5.5) 式のようにベース学習器の加重和の形になっている。

5.3.3 勾配ブースティング木

回帰関数の推定が目的である場合には、ベース学習器として回帰木がよく用いられる。このとき、h は

$$h(\boldsymbol{x} ; \boldsymbol{a}) = \sum_{j=1}^{J} b_j 1\{\boldsymbol{x} \in R_j\}$$

と表される。ただし、R_j はリーフを表す。更新式 (5.7) 式は

$$F_m(\boldsymbol{x}) = F_{m-1}(\boldsymbol{x}) - \rho_m \sum_{j=1}^{J_m} b_{jm} 1\{\boldsymbol{x} \in R_{jm}\}$$

と表される。よって、b_{jm} と ρ_m をそれぞれ別々に推定するのではなく、リーフが与えられた下で

$$\min_{\{\gamma_{jm}\}_{j=1}^{J_m}} \sum_{i=1}^{n} L\left(Y_i, F_{m-1}(\boldsymbol{X}_i) + \sum_{j=1}^{J_m} \gamma_{jm} 1\{\boldsymbol{X}_i \in R_{jm}\}\right)$$

を解くということが考えられる。リーフは互いに素であることから、上記の問題を解くには、各々の j について

$$\min_{\gamma} \sum_{i : X_i \in R_{jm}} L(Y_i, F_{m-1}(\boldsymbol{X}_i) + \gamma)$$

を解けばよい。

　以上より、勾配ブースティング木（gradient boosting tree）のアルゴリズムは次のようにまとめられる。

1. 初期値を $F_0(\boldsymbol{x}) = \arg\min_{\rho} \sum_{i=1}^{n} L(Y_i, \rho)$ とする。
2. $m = 1$ から M について、以下の計算を行う。
   (a) $i = 1, ..., n$ について

$$g_{im} = \left. \frac{\partial L(Y_i, F(\boldsymbol{X}_i))}{\partial F(\boldsymbol{X}_i)} \right|_{F(X_i) = F_{m-1}(X_i)}$$

   を求める。
   (b) $\{-g_{im}\}_{i=1}^{n}$ に回帰木を当てはめて、リーフ $\{R_{jm}\}_{j=1}^{J_m}$ を得る。
   (c) $j = 1, ..., J_m$ について

$$\gamma_{jm} = \arg\min_{\gamma} \sum_{i : X_i \in R_{jm}} L(Y_i, F_{m-1}(\boldsymbol{X}_i) + \gamma)$$

   を求める。
   (d) 次式で推定値を更新する。

$$F_m(\boldsymbol{x}) = F_{m-1}(\boldsymbol{x}) + \sum_{j=1}^{J_m} \gamma_{jm} 1\{\boldsymbol{x} \in R_{jm}\}$$

3. $F_M(\boldsymbol{x})$ を最終的な推定値とする。

　回帰木をベースにした勾配ブースティングにも様々なバリエーションがあり、最近では XGBoost（Chen and Guestrin 2016）やマイクロソフト社が開発した Light GBM などが、機械学習の手法を用いる実務においてはよく用いられている。また、勾配ブースティング木の社会科学の応用例としては、Kleinberg et al.（2018）が有名である。裁判官は将来の予測に基づいて被告人を保

釈するかどうかを決定するが、この研究では機械学習による予測が裁判官の予測よりも優れているかどうかを調べている。

5.4 因果木と因果フォレスト*

Athey and Imbens（2016）と Wager and Athey（2018）によって、回帰木やランダムフォレストのアイデアを応用することで、CATE を推定する方法が提案されている。

まずは基本的なアイデアについて述べる。$\{(Y_i, \boldsymbol{X}_i, D_i)\}_{i=1}^{n}$ が観測されるとする。強い無視可能性を仮定すると、(5.4)式で定義される CATE について

$$\tau(\boldsymbol{x}) = \mathbb{E}[Y_i | \boldsymbol{X}_i = \boldsymbol{x}, D_i = 1] - \mathbb{E}[Y_i | \boldsymbol{X}_i = \boldsymbol{x}, D_i = 0]$$

が成り立つ[7]。ここで、強い無視可能性の仮定のうちの非交絡の仮定は、同じ共変量の値をとる個体間では、処置の割り当てはランダムであるかのように考えることができるという仮定である。よって、もし回帰木のリーフが十分に小さいならば、同じリーフに属する個体についても、処置の割り当てはおよそランダムに行われていると考えてもそれほど支障はないと考えられる。すると、次のような回帰木を用いた CATE の推定量が考えられる。

$$\begin{aligned}
\hat{\tau}(\boldsymbol{x}) = &\frac{\sum_{i=1}^{n} 1\{D_i = 1, \boldsymbol{X}_i \in L(\boldsymbol{x})\} Y_i}{\sum_{i=1}^{n} 1\{D_i = 1, \boldsymbol{X}_i \in L(\boldsymbol{x})\}} \\
&- \frac{\sum_{i=1}^{n} 1\{D_i = 0, \boldsymbol{X}_i \in L(\boldsymbol{x})\} Y_i}{\sum_{i=1}^{n} 1\{D_i = 0, \boldsymbol{X}_i \in L(\boldsymbol{x})\}}
\end{aligned} \tag{5.8}$$

ただし、$L(\boldsymbol{x})$ は点 $\boldsymbol{x}$ を含むリーフである。

Athey and Imbens（2016）では、(5.8)式に基づく CATE の推定量を提案し、因果木（causal tree）と呼んでいる。彼らの手法でポイントとなる点は2つある。1つめは、偽りのない推定である。先述のとおり、リーフの構築と期待値の推定を同じデータで行うと、推定量にバイアスが生じる。因果推論において

7）1章の補論を参照。

は点推定とともに統計的推測も重要なので、推定量にバイアスが生じることは避けたい。そのため、標本を 2 分割し、リーフとリーフにおける期待値の推定値を別々の部分標本で求めることを提案している。

2 つめのポイントは、リーフの構築方法である。CART の分割ルールは、リーフの構築と期待値の推定を同じ観測値を用いて行うことを前提にしているので、偽りのない推定にとって最適な分割ルールであるとは限らない。また、回帰関数の推定では、Y_i と $\hat{\mu}(\boldsymbol{X}_i)$ の差に基づいて分割を決定するが、CATE の推定においては $\tau_i = Y_i(1) - Y_i(0)$ は観測できないため、τ_i と $\hat{\tau}(\boldsymbol{X}_i)$ の差に基づいて分割を決定することができない。Athey and Imbens（2016）では、これらの問題に対処したリーフの構築方法を提案している。詳細は論文を参照されたい。

Wager and Athey（2018）では、因果木とランダムフォレストのアイデアを組み合わせて、因果フォレスト（causal forest）という手法を提案し、推定量の一致性と漸近正規性を示している。特に漸近正規性を示している点は大きな理論的貢献であり、これにより、単に CATE の点推定を行うだけでなく、信頼区間を求めるなどの統計的推測を行うことが可能となる。

理論の説明に入る前に、アルゴリズムの紹介から始める。Wager and Athey（2018）では 2 種類のアルゴリズムを提案しているが、そのうちのひとつだけをここでは紹介する。

1. オリジナルのサンプルから、サンプルサイズ s（$< n$）のサブサンプルを非復元抽出し、さらにサブサンプルをサイズ $s/2$ の集合 $\mathscr{I}$ と $\mathscr{J}$ に分割する。

2. $\mathscr{J}$ の観測値だけを用いて、Athey and Imbens（2016）と同様の方法でリーフを構築する。その際、各リーフには $\mathscr{I}$ の処置群（$D_i = 1$）と対照群（$D_i = 0$）の個体がそれぞれ少なくとも k 個以上含まれるようにする（k は分析者が決める）。

3. 2 で求めたリーフを基に、$\mathscr{I}$ の観測値だけを用いて (5.8) 式を求める。

4. ステップ 1 から 3 を合計 B 回繰り返し、$\hat{\tau}_1(\boldsymbol{x}), ..., \hat{\tau}_B(\boldsymbol{x})$ を得る。

5. B 個の推定値の平均である

$$\hat{\tau}(\boldsymbol{x}) = \frac{1}{B} \sum_{b=1}^{B} \hat{\tau}_b(\boldsymbol{x})$$

を最終的な推定値とする。

ステップ 2 について、通常のランダムフォレストでは課されない漸近理論のために必要な仮定としては、ノードの分岐の際には、分岐後のそれぞれのノードに、元のノードの観測値の少なくとも α の割合の観測値が含まれていなければならない ($0 < \alpha \le 0.2$)。

最後に、ランダムフォレストの漸近分布の導出方法の概略を述べる。以下では CATE ではなく、通常の回帰関数 $\mu(\boldsymbol{x}) = \mathbb{E}[Y_i | \boldsymbol{X}_i = \boldsymbol{x}]$ の推定問題を考えるが、CATE の推定についても同様の結果が成り立つ。漸近理論の設定としては、共変量の数 p と各リーフにおける観測値の最小の数である k は固定し、$n \to \infty$ のとき $s \to \infty$ であるとする。以下の説明はかなり単純化しており、多少不正確なところもあるので、詳細は論文を参照されたい。

$\boldsymbol{Z}_i = (Y_i, \boldsymbol{X}_i)$ として、サイズ s のサブサンプル $\{\boldsymbol{Z}_{i_1}, ..., \boldsymbol{Z}_{i_s}\}$ から求められた回帰木の点 $\boldsymbol{x}$ における推定量を $T(\boldsymbol{x}; \boldsymbol{Z}_{i_1}, ..., \boldsymbol{Z}_{i_s})$ とする。すると、回帰関数のランダムフォレスト推定量は

$$\hat{\mu}(\boldsymbol{x}) = \binom{n}{s}^{-1} \sum_{i_1 < \cdots < i_s} T(\boldsymbol{x}; \boldsymbol{Z}_{i_1}, ..., \boldsymbol{Z}_{i_s}) \tag{5.9}$$

によって近似することができる[8]。ただし、和はすべての $\binom{n}{s}$ 個の組み合わせについてとられている。(5.9) 式のように表現する理由は、統計学ではよく知られた U 統計量という統計量の形式にするためである[9]。これにより、U 統計量の漸近理論を応用することができ、ある $\sigma_n \to 0$ が存在して、

$$\frac{\hat{\mu}(\boldsymbol{x}) - \mathbb{E}[\hat{\mu}(\boldsymbol{x})]}{\sigma_n} \xrightarrow{d} N(0, 1) \tag{5.10}$$

が成り立つことが示される。また、$L(\boldsymbol{x})$ と $T(\boldsymbol{x}; \boldsymbol{Z}_{i_1}, ..., \boldsymbol{Z}_{i_s})$ は別々の部分標本

8）前の表記に合わせるならば、サイズ s のサブサンプルからさらにその半分の観測値を期待値の推定に用いるので、s ではなく $s/2$ となる。

9）U 統計量については、本章末の補論を参照。

を用いて求められていることと、回帰木の推定値はリーフ内の応答変数の標本平均であることから

$$\mathbb{E}[T(\boldsymbol{x}\,;\boldsymbol{Z}_{i_1}, ..., \boldsymbol{Z}_{i_s})] - \mu(\boldsymbol{x}) = \mathbb{E}[\mathbb{E}[Y_i \,|\, \boldsymbol{X}_i \in L(\boldsymbol{x})] - \mathbb{E}[Y_i \,|\, \boldsymbol{X}_i = \boldsymbol{x}]]$$

が成り立つ。さらに、$\mu(\boldsymbol{x})$ に Lipschitz 連続性を仮定すると

$$\left| \mathbb{E}[Y_i \,|\, \boldsymbol{X}_i \in L(\boldsymbol{x})] - \mathbb{E}[Y_i \,|\, \boldsymbol{X}_i = \boldsymbol{x}] \right| \le C \operatorname{diam}(L(\boldsymbol{x}))$$

が成り立つ。ただし、C は Lipschitz 定数であり、$\operatorname{diam}(L(\boldsymbol{x}))$ は $L(\boldsymbol{x})$ に含まれる最長の線分の長さを表す。漸近理論の設定として、k を固定した下で s を大きくしていくので、回帰木の分岐のルールに適当な仮定を置けば、リーフの大きさはサンプルの増加とともに小さくなり、$\mathbb{E}[\operatorname{diam}(L(\boldsymbol{x}))] \to 0$ が成り立つ。さらに、ランダムフォレストは回帰木の平均なので、$\mathbb{E}[\hat{\mu}(\boldsymbol{x})] - \mu(\boldsymbol{x}) \to 0$ が示される。また、s を十分大きくすれば、$(\mathbb{E}[\hat{\mu}(\boldsymbol{x})] - \mu(\boldsymbol{x}))/\sigma_n \to 0$ が成り立つことも示されており、(5.10)式と合わせれば

$$\frac{\hat{\mu}(\boldsymbol{x}) - \mu(\boldsymbol{x})}{\sigma_n} \xrightarrow{d} N(0, 1) \tag{5.11}$$

が成り立つ。Wager and Athey（2018）では、σ_n の推定方法についても示している。

　他のノンパラメトリック推定量と同様に、ランダムフォレストのバイアスと分散もトレードオフの関係にある。Wager and Athey（2018）の漸近理論の設定の下では、サブサンプルのサイズである s がバイアスと分散のトレードオフを決める。サブサンプルのサイズが大きくなるほど $\operatorname{diam}(L(\boldsymbol{x}))$ は小さくなるため、バイアスは小さくなる。一方、サブサンプルのサイズが大きいほど、サブサンプルの重なりあう観測値が多くなるので、異なる回帰木に共通して現れる観測値が多くなる。これは回帰木間の相関を大きくする働きをし、分散は大きくなる。ノンパラメトリック推定量には必ずバイアスが生じるが、(5.11)式が成り立つということは、過小平滑化を行っているということを意味する。

　ランダムフォレストや因果フォレストの漸近正規性のために、回帰関数に明示的に課されている仮定はかなり弱いものである。また、共変量がある程度多

いときであっても漸近正規性が成り立ち、これらの点においてはカーネル推定量やシリーズ推定量よりも優れていると言えるであろう。一方で、Wager and Athey（2018）の分析の枠組みでは、推定量の収束のレートがわからず、3 章で考察したノンパラメトリック推定量との理論的な性質の比較が難しい。

📈 5.5 補論*

本節では、U 統計量（U-statistic）について簡単に解説をする。詳しくは、Serfling（1980）や van der Vaart（2000）などの数理統計学の本を参照されたい。

$X_1, ..., X_n$ は i.i.d. で、興味のあるパラメータ θ が次のように与えられているとする。

$$\theta = \mathbb{E}[h(X_1, ..., X_m)]$$

ただし、h は既知の対称な（引数の順番を入れ替えてもその値が変わらない）関数であるとする。例えば、X_i の分散に興味があるならば

$$\mathrm{Var}[X_i] = \frac{\mathrm{Var}[X_1] + \mathrm{Var}[X_2]}{2} = \mathbb{E}\left[\frac{(X_1 - X_2)^2}{2}\right]$$

と表すことができるので、$h(x_1, x_2) = (x_1 - x_2)^2/2$ である。また、$h(x_1, x_2) = h(x_2, x_1)$ なので、h は対称な関数である。

θ の推定方法として、n 個の観測値から m 個の観測値を選ぶすべての組み合わせについて、平均を求めるということが考えられる。つまり、

$$U_n = \binom{n}{m}^{-1} \sum_{i_1 < \cdots < i_m} h(X_{i_1}, ..., X_{i_m})$$

で推定する。ただし、和は $\binom{n}{m}$ 個の組み合わせについてとられている。統計量 U_n のことを、h をカーネルとするオーダー m の U 統計量という。U_n が θ の不偏推定量であることはすぐに確認できるが、それのみならず、一様最小分散不偏推定量（UMVUE：uniformly minimum variance unbiased estimator）であ

ることが知られている。

　U 統計量は通常の標本平均の形になっていないので、その漸近分布を求めるためには少し工夫が必要である。特に、和をとられる各々の要素が独立になっていないという問題がある。そこで、中心極限定理を用いることができる形に変形をする必要がある。例えば、Hájek 射影と呼ばれる方法では、$U_n - \theta$ を $\sum_{i=1}^{n} g_i(X_i)$ という形式で表されるすべての統計量の集合に射影する。すると、射影 $\hat{U}_n$ は

$$\hat{U}_n = \sum_{i=1}^{n} \mathbb{E}[U_n - \theta \mid X_i] = \frac{m}{n} \sum_{i=1}^{n} h_1(X_i)$$

で与えられる。ただし、

$$h_1(x) = \mathbb{E}[h(x, X_2, ..., X_m)] - \theta$$

である。$h_1(X_1), ..., h_1(X_n)$ は i.i.d. で、$\mathbb{E}[h_1(X_i)] = 0$ なので、$\hat{U}_n$ の漸近分布は中心極限定理より求めることができる。よって、$U_n - \theta$ と $\hat{U}_n$ の差が無視できるほど小さい ($\sqrt{n}\,(U_n - \theta - \hat{U}_n) \xrightarrow{p} 0$) ことを示すことができれば、

$$\sqrt{n}\,(U_n - \theta) \xrightarrow{d} N(0, m^2 \mathrm{Var}[h_1(X_i)])$$

が示される。

正則化法

古典的な統計学では、共変量の数 p はサンプルサイズ n よりもずっと小さい状況を想定している。ところが近年、共変量の数が非常に多いデータの分析が盛んに行われるようになってきている。経済学では、POS データやスキャナパネルデータなどが代表的な例である。そのようなデータを用いて回帰分析を行う際には、オーバーフィッティングの問題が深刻となる可能性があるが、共変量の数が膨大な場合の変数選択には固有の問題がある。

まず、2 章でも述べたとおり、線形回帰モデルの候補となる共変量の重要性に関して先験的な情報がない場合、モデル（変数の組み合わせ）の候補の数は全部で 2^p 個に上る。$p = 30$ の場合でさえモデルの総数は 10 億を超えるため、p が大きいときには、すべてのモデルについて AIC などを計算して最小値を達成するモデルを選ぶことは、非常に高性能なコンピュータを用いても困難である。

また、$p > n$ であるようなデータは高次元データ（high-dimensional data）と呼ばれるが、高次元データでは OLS 推定量が一意に定まらないという問題もある[1]。$p > n$ のとき、最小化問題

$$\min_b \| \boldsymbol{Y} - \boldsymbol{X}\boldsymbol{b} \|_2^2 \tag{6.1}$$

1）ビッグデータ（big data）という場合には、通常は n と p がともに大きいデータのことを指す。それに対し、サンプルサイズが小さくとも、$p > n$ であるような場合には、高次元データと呼ぶ。

には最小値 0 を達成するベクトル $\boldsymbol{b}$ が無数に存在する[2]。OLS 推定量が一意に定まるためには、共変量の数を減らす必要があるが、2 章で紹介した変数選択の方法は OLS でモデルを推定することを前提としていたので、それらの変数選択法を用いることができない。

本章では、これらの問題への対処法として、正則化（regularization）法と呼ばれる方法を紹介する。正則化とは、最小化問題 (6.1) 式においてベクトル $\boldsymbol{b}$ のとりうる範囲に適切に制約を置くことで、最小化問題を良設定（well-posed）問題にすることである。本章で紹介する正則化法の多くは、スパース性（sparsity）を満たす解をもたらす。スパース性とは、ベクトルのいくつかの要素が 0 になる性質のことである。ある共変量に対応する係数が 0 と推定されることは、その共変量をモデルから除外することを意味するので、スパース性を満たす方法でパラメータを推定すれば、パラメータの推定と変数選択を同時に行うことができる。

正則化法の応用例として、Bajari et al.（2015）では、スキャナパネルデータを用いて後で紹介する Lasso などの手法で需要推定を行っている。その他の実証研究における使用の場面としては、1.1.2 項の回帰分析の目的で考察したように、意思決定のために応答変数の正確な予測が必要になるケースが考えられる（Kleinberg et al. 2015）。また、7 章で考察するように、何かしらの興味のあるパラメータを推定するための第一段階として、局外パラメータを推定するために利用されることも多い。

6.1 リッジ回帰

6.1.1 リッジ推定量の解釈

先ほども述べたように、$p > n$ のときには OLS 推定量は一意に定まらない。また、$p \leq n$ であっても、p が大きい場合には似たような共変量が多くなりがちであるため、多重共線性が起こりやすい。多重共線性があると、OLS 推定

2）これまで L_2 ノルムは $\|\cdot\|$ という記号で表してきたが、本章ではその他のノルムと区別するため $\|\cdot\|_2$ という記号を用いる。

量は数値的に不安定になる。これらの問題は、行列 $X'X$ の最小固有値が 0 であるか、0 に近い値であることによって生じる。このため、$X'X$ の対角成分に正の数 λ を加えて、

$$\hat{\beta}(\lambda) = (X'X + \lambda I)^{-1} X'Y \tag{6.2}$$

によって β を推定することが考えられる。このようにして得られる推定量は、リッジ（ridge）推定量と呼ばれる（Hoerl and Kennard 1970）。$X'X$ の対角成分に λ を加えることは、$X'X$ の各固有値に λ を加えることに対応するので、$X'X + \lambda I$ は正則行列となる。$X'X$ の p 個の固有値を $\lambda_1, ..., \lambda_p$、$\Lambda = \mathrm{diag}\{\lambda_1, ..., \lambda_p\}$ として、固有値分解を $X'X = H\Lambda H'$ とすれば、$HH' = I$ より、$X'X + \lambda I = H(\Lambda + \lambda I)H'$ と表される[3]。よって、$\lambda > 0$ であるならば

$$(X'X + \lambda I)^{-1} = H(\Lambda + \lambda I)^{-1} H'$$

が成り立つ。

リッジ推定量は次のような最小化問題を解くことでも得られる。

$$\min_{b} \left\{ \|Y - Xb\|_2^2 + \lambda \|b\|_2^2 \right\} \tag{6.3}$$

目的関数の第 2 項は罰則項や正則化項などと呼ばれ、ベクトル b の L_2 ノルムが大きくなると大きな値をとる。そのため、推定値の L_2 ノルムが一定以上に大きくならないように制約をかける役割を果たす。このことは、最小化問題 (6.3) 式を次のような制約付最小化問題に書き換えるとわかりやすい。

$$\min_{b} \|Y - Xb\|_2^2 \quad \text{s.t.} \ \|b\|_2^2 \leq c \tag{6.4}$$

任意の λ について、ある c が存在して、(6.3) 式と (6.4) 式の最小化問題は等しくなる[4]。推定値の L_2 ノルムに制約をかけるので、リッジ回帰は L_2 正則化法とも呼ばれる。また、λ は正則化パラメータと呼ばれるチューニングパラメー

---

3) $\mathrm{diag}\{\lambda_1, ..., \lambda_p\}$ は $\lambda_1, ..., \lambda_p$ を対角成分とする対角行列を表す。また、行列 H は $X'X$ の固有ベクトルを列ベクトルとする行列であり、固有ベクトルは対応する固有値と同じ順番に並んでいる。対称行列の固有ベクトルは、すべて互いに直交するようにとることができる。また、固有ベクトルはノルムが 1 になるように基準化する。

タで、その値はデータの分析者が決める必要がある。推定値のノルムに対し制約をかけるので、$\boldsymbol{\beta}$ の各係数の推定値は OLS の推定値よりも絶対値で小さくなる。推定値を 0 の方向に縮める効果があることから、このような推定量は縮小（shrinkage）推定量と呼ばれる。正則化パラメータの値を大きくするほど、縮小の度合いは大きくなり、推定値はより 0 に近づく。

　リッジに限らず、正則化法によって求められる推定量は一般に、スケールに対して不変ではない。OLS であれば、共変量を c 倍すれば、対応する係数の推定値は $1/c$ 倍になるが、リッジではそのような関係は成立しない。そのため、測定単位を変えるなどして共変量のスケールを様々に変えることで、推定結果も変えることができてしまう。そのような恣意性を排除するため、正則化法を用いる場合には、あらかじめ共変量（と応答変数）を基準化しておくことが多い。例えば、次のような基準化が考えられる。

$$\frac{1}{n}\sum_{i=1}^{n} Y_i = 0, \quad \frac{1}{n}\sum_{i=1}^{n} X_{ij} = 0, \quad \frac{1}{n}\sum_{i=1}^{n} X_{ij}^2 = 1$$

この基準化では、各共変量の標本平均を 0、標本分散を 1 になるようにしている。このためには、元々の変数から標本平均を引き、標本標準偏差で割ればよい。応答変数と共変量の標本平均を 0 にするのは、定数項を 0 として扱うためである。

　行列 $\boldsymbol{X}'\boldsymbol{X}$ が正則であっても、MSE の観点からリッジを使う利点はある。$\boldsymbol{X}$ を条件とするリッジ推定量の条件付期待値を求めると

$$\mathbb{E}[\hat{\boldsymbol{\beta}}(\lambda)\,|\,\boldsymbol{X}] = (\boldsymbol{X}'\boldsymbol{X}+\lambda\boldsymbol{I})^{-1}\boldsymbol{X}'\boldsymbol{X}\boldsymbol{\beta}$$

となる。よって、$\lambda = 0$ でない限り、リッジ推定量にはバイアスがある。一方、$\mathbb{E}[e_i^2\,|\,\boldsymbol{X}_i] = \sigma^2$ を仮定すると、条件付共分散行列は

$$\mathrm{Var}[\hat{\boldsymbol{\beta}}(\lambda)\,|\,\boldsymbol{X}] = \sigma^2(\boldsymbol{X}'\boldsymbol{X}+\lambda\boldsymbol{I})^{-1}\boldsymbol{X}'\boldsymbol{X}(\boldsymbol{X}'\boldsymbol{X}+\lambda\boldsymbol{I})^{-1}$$

4）最小化問題 (6.3) 式は制約付最小化問題 (6.4) 式のラグランジュ緩和問題で、λ はラグランジュ乗数を表していると考えられる。

で与えられる。当然ながら、$\lambda = 0$ のときには、条件付期待値と分散は OLS のそれら（(1.7)式と(1.8)式）と一致する。バイアスと分散はトレードオフの関係にあり、λ を大きくすればバイアスが大きくなるが、分散は小さくなる。λ がある一定の範囲にあるときには

$$\mathbb{E}[(\hat{\boldsymbol{\beta}}_{ols}-\boldsymbol{\beta})(\hat{\boldsymbol{\beta}}_{ols}-\boldsymbol{\beta})' \mid \boldsymbol{X}] > \mathbb{E}[(\hat{\boldsymbol{\beta}}(\lambda)-\boldsymbol{\beta})(\hat{\boldsymbol{\beta}}(\lambda)-\boldsymbol{\beta})' \mid \boldsymbol{X}]$$

が成り立つ。ただし、$\hat{\boldsymbol{\beta}}_{ols}$ は OLS 推定量で、行列 $\boldsymbol{A}$ と $\boldsymbol{B}$ について、$\boldsymbol{A} > \boldsymbol{B}$ は $\boldsymbol{A}-\boldsymbol{B}$ が正値定符号行列であることを意味する。つまり、多少のバイアスを許容できるならば、MSE の意味で OLS よりも良い推定量を得ることが可能である。

6.1.2 正則化パラメータの選択

リッジ推定量の性質は、正則化パラメータ λ の選択に大きく依存する。正則化パラメータの選択方法としては、交差検証法を用いることが多い。正則化パラメータのとりうる値の集合を Λ_n で表すことにする。正則化パラメータが λ のときの一個抜きリッジ推定量を

$$\hat{\boldsymbol{\beta}}_{(-i)}(\lambda) = \left(\sum_{j \neq i} \boldsymbol{X}_j \boldsymbol{X}_j' + \lambda \boldsymbol{I}\right)^{-1} \sum_{j \neq i} \boldsymbol{X}_j Y_j$$

とすると、一個抜き交差検証法は

$$\mathrm{CV}_{\mathrm{LOO}}(\lambda) = \frac{1}{n} \sum_{i=1}^{n} (Y_i - \boldsymbol{X}_i' \hat{\boldsymbol{\beta}}_{(-i)}(\lambda))^2 \tag{6.5}$$

を最小にするような λ を Λ_n から選択する。理論上は、Λ_n は適当な $\lambda_{\max} > 0$ について $\Lambda_n = [0, \lambda_{\max}]$ のような区間で与えられるが、区間上のすべての点について $\mathrm{CV}_{\mathrm{LOO}}(\lambda)$ を計算することは不可能である。よって、実際には Λ_n は区間の中から選ばれた離散的な点からなる。この Λ_n の決め方も、リッジ推定量のパフォーマンスに影響を与える。

2.2.2 項で一個抜き交差検証法の簡単な計算方法を紹介したが、同様の方法は OLS のみならず、一般の線形推定量で用いることができる。回帰係数 $\boldsymbol{\beta}$ の推定量 $\tilde{\boldsymbol{\beta}}$ が、ある行列 $\boldsymbol{H}$ について $\boldsymbol{X}\tilde{\boldsymbol{\beta}} = \boldsymbol{H}\boldsymbol{Y}$ を満たすとすると、$\tilde{\boldsymbol{\beta}}$ の一個抜

き推定量 $\tilde{\boldsymbol{\beta}}_{(-i)}$ について

$$\frac{1}{n}\sum_{i=1}^{n}(Y_i - \boldsymbol{X}_i'\tilde{\boldsymbol{\beta}}_{(-i)})^2 = \frac{1}{n}\sum_{i=1}^{n}\left(\frac{Y_i - \boldsymbol{X}_i'\tilde{\boldsymbol{\beta}}}{1-h_{ii}}\right)^2$$

が成り立つ。ただし、h_{ii} は $\boldsymbol{H}$ の i 番目の対角成分である。よって、

$$\boldsymbol{H}(\lambda) = \boldsymbol{X}(\boldsymbol{X}'\boldsymbol{X}+\lambda\boldsymbol{I})^{-1}\boldsymbol{X}'$$

とし、その対角成分を $h(\lambda)_{ii}$ とすれば、(6.5)式は

$$\mathrm{CV_{LOO}}(\lambda) = \frac{1}{n}\sum_{i=1}^{n}\left(\frac{Y_i - \boldsymbol{X}_i'\hat{\boldsymbol{\beta}}(\lambda)}{1-h(\lambda)_{ii}}\right)^2$$

によっても計算できる。また、一般化交差検証法では、$\mathrm{CV_{LOO}}(\lambda)$ を

$$\mathrm{GCV}(\lambda) = \frac{1}{n}\sum_{i=1}^{n}\left(\frac{Y_i - \boldsymbol{X}_i'\hat{\boldsymbol{\beta}}(\lambda)}{1-\mathrm{tr}(\boldsymbol{H}(\lambda))/n}\right)^2$$

で近似する。ただし、$\mathrm{tr}(\boldsymbol{H}(\lambda))$ は $\boldsymbol{H}(\lambda)$ のトレースを表す。

2.2.1 項で導入した C_p 基準についても、一般の線形推定量について求めることができる。リッジの場合は

$$C_p(\lambda) = \frac{1}{n}\|\boldsymbol{Y}-\boldsymbol{X}\hat{\boldsymbol{\beta}}(\lambda)\|_2^2 + \frac{\sigma^2}{n}\mathrm{tr}(\boldsymbol{H}(\lambda))$$

で与えられる。一定の条件の下、C_p と GCV は漸近最適性を満たすことが Li (1986) によって示されている。すなわち、$\boldsymbol{\mu} = \mathbb{E}[\boldsymbol{Y}\,|\,\boldsymbol{X}]$、$L(\lambda) = n^{-1}\|\boldsymbol{\mu}-\boldsymbol{X}\hat{\boldsymbol{\beta}}(\lambda)\|_2^2$ とすると、C_p もしくは GCV で選ばれた $\hat{\lambda}$ について、$n \to \infty$ のとき

$$\frac{L(\hat{\lambda})}{\min_{\lambda \geq 0}L(\lambda)} \xrightarrow{p} 1$$

が成立する。

📈6.2 Lasso 回帰

6.2.1 スパース性

リッジ回帰は $p > n$ のときにでも β を推定できる方法ではあるが、基本的にはどの係数の推定値も 0 とはならないため、変数選択に用いることはできない。そのため、p 個の共変量のうち比較的少数の共変量しか応答変数に影響を与えないと考えられる場合には、リッジを使うことは望ましくないかもしれない。Tibshirani（1996）によって提案された Lasso は、least absolute shrinkage and selection operator の頭文字をとったもので、その名のとおり、縮小推定（shrinkage）と変数選択（selection）を組み合わせた方法である。

Lasso は次のような最小化問題を解く[5]。

$$\min_{\boldsymbol{b}} \left\{ \|\boldsymbol{Y} - \boldsymbol{X}\boldsymbol{b}\|_2^2 + 2\lambda \|\boldsymbol{b}\|_1 \right\} \tag{6.6}$$

ただし、$\|\cdot\|_1$ はベクトルの L_1 ノルムで、$\boldsymbol{b} = (b_1, ..., b_p)'$ について、$\|\boldsymbol{b}\|_1 = \sum_{j=1}^{p} |b_j|$ で定義される。よって、Lasso とリッジの違いは、正則化項に L_1 ノルムを使うか L_2 ノルムを使うかだけなのだが、この違いが推定量の性質に大きな違いを生み出す。

Lasso の一番の特徴は、いくつかの係数がちょうど 0 と推定されることである。つまり、スパース性を満たす。また、0 ではない係数推定値については、OLS と比べると 0 の方向に縮小される。よって、Lasso では変数選択と縮小推定が同時に行われる。

ではなぜ、L_2 ノルムを L_1 ノルムに変えることでスパース性が満たされるのだろうか。リッジの場合と同様に、Lasso の最小化問題(6.6)式も次のような制約付最小化問題として考えることができる。

5）最小化問題(6.6)式には解が無数に存在する可能性があることには少し注意が必要である。なぜなら、$\mathrm{rank}(\boldsymbol{X}) < p$ のとき、Lasso の目的関数は厳密な（strictly）凸関数ではないためである。しかし、Tibshirani（2013）が Lasso 推定量が一意に定まるための十分条件を与えており、共変量がすべて連続確率変数である場合には、この条件は満たされる。

図 6.1　Lasso とリッジ

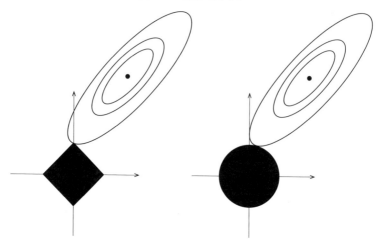

$$\min_{b} \| \boldsymbol{Y} - \boldsymbol{X}\boldsymbol{b} \|_2^2 \quad \text{s.t.} \; \| \boldsymbol{b} \|_1 \leq c$$

ここで、$p = 2$ のケースで Lasso とリッジを比較しよう。Lasso は $\{(b_1, b_2) : |b_1| + |b_2| \leq c\}$ というひし形の中で残差 2 乗和 $\sum_{i=1}^{n} (Y_i - b_1 X_{i1} - b_2 X_{i2})^2$ を最小にする点を求めているのに対し、リッジは $\{(b_1, b_2) : b_1^2 + b_2^2 \leq c\}$ という円の中で残差 2 乗和を最小にする点を求めている。図 6.1 において、横軸と縦軸はそれぞれ b_1 と b_2 を表し、楕円は残差 2 乗和の等高線を表している。楕円の中心に進むほど、残差 2 乗和は小さくなる。Lasso（左図）とリッジ推定量（右図）は、それぞれの制約領域と等高線が最初に接する点で与えられる。Lassoの場合、接点が図のようにひし形の頂点となる可能性があり、これが推定値が 0 になるケースに対応している。それに対して、円には頂点がないので、リッジの推定値は通常は 0 とはならない。

　ちなみに、C_p タイプの変数選択法で変数選択を行い、選ばれたモデルを用いて $\boldsymbol{\beta}$ を推定することは、ある λ について

$$\min_{b} \left\{ \| \boldsymbol{Y} - \boldsymbol{X}\boldsymbol{b} \|_2^2 + \lambda \| \boldsymbol{b} \|_0 \right\} \tag{6.7}$$

を解くことと同じである。ただし、$\| \cdot \|_0$ は L_0 ノルムと呼ばれ、$\| \boldsymbol{b} \|_0 =$

$\sum_{j=1}^{p} 1\{b_j \neq 0\}$ で定義される。つまり、ベクトルの 0 ではない要素の数を表している。実際には $\|\cdot\|_0$ はノルムの定義を満たさないが、慣例的に L_0 ノルムと呼ばれる。本章冒頭でも述べたとおり、特に p が大きいときに (6.7) 式の最小化問題を解くことは難しい。このような問題に対し、Bertsimas et al.（2016）は次のような制約付最小化問題を高速で解くアルゴリズムを提案している。

$$\min_{b} \|Y - Xb\|_2^2 \quad \text{s.t.} \|b\|_0 \leq c \tag{6.8}$$

彼らによると、n が数百で p が数千程度なら、ものの数分の計算時間で、最適解に近い解が得られるようである。したがって、p が大きくても従来の方法で変数選択が可能なように思われるかもしれないが、(6.7) 式と (6.8) 式は等価ではないことに注意すべきである。なぜなら、L_0 ノルムは凸関数ではないためである。

6.2.2 最小角回帰と Lasso

Tibshirani（2011）によると、Lasso は論文の出版後しばらくはさほど注目を集めなかったようである。一番の理由は計算上の問題であると考えられる。絶対値関数は 0 で微分できないため、Lasso 推定量は陽に求めることができず、コンピュータで最小化問題の解を探索する必要がある。しかし、1996 年のオリジナルの論文で提案された計算アルゴリズムは中身がわかりにくいうえに、計算負荷が高かったのである。ところが、Efron et al.（2004）により最小角回帰（LARS：least angle regression）と呼ばれるアルゴリズムが提案され、R のパッケージとして使用可能になると状況は一変する[6]。これにより、誰もが容易に Lasso を求められるようになり、今や Lasso は非常にポピュラーな高次元モデルの推定方法となっている。

では、LARS とはどのような手法かというと、それ自体が独立した β の推定アルゴリズムであり、Lasso の計算方法という位置づけはあまり正確ではない。しかし、LARS による推定値と Lasso による推定値は非常に似ており、

6）least angle regression の頭字語が LAR ではなく LARS なのはなぜなのか、疑問に思うかもしれないが、論文の著者らによると、S を付けることで、Lasso や Stagewise を示唆しているとのことである。

図6.2　Lasso の解パス

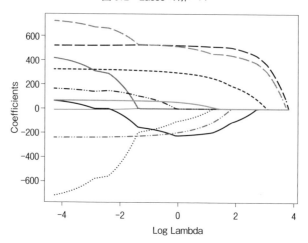

LARS のアルゴリズムを少し変えるだけで、Lasso を求めることもできる。ただし、固定された正則化パラメータ λ の下で (6.6) 式を解く方法というよりは、λ を様々に変化させたときの Lasso の解パス（solution path）を求めるのに有用な方法である。正則化パラメータ λ の関数として、対応する Lasso 推定値 $\hat{\beta}(\lambda)$ の軌跡を求めたものを Lasso の解パスと言う。図 6.2 は R のパッケージである **glmnet** を用いて描いた解パスの例である。データは同じく R のパッケージである **lars** の diabetes のデータを用いている[7]。横軸が正則化パラメータの対数値、縦軸が 10 個の共変量の係数の推定値を表しており、正則化パラメータの値が大きくなるにつれて、各係数が 0 に近づいていくことがわかる。

　LARS は $\beta = \mathbf{0}$ からスタートして、β の推定値を更新していく。説明をシンプルにするために $p < n$ とすると、LARS のアルゴリズムは次のようにまとめられる。以下の説明は、Efron et al.（2004）ではなく Hastie et al.（2009）の説明を参考にしている。

7）データについては、Efron et al.（2004）を参照。

1. 応答変数と共変量を、$\sum_{i=1}^{n} Y_i = 0$、$\sum_{i=1}^{n} X_{ij} = 0$、$\sum_{i=1}^{n} X_{ij}^2 = 1$ を満たすように基準化する。また、$\beta_1 = \cdots = \beta_p = 0$ としておく。

2. 応答変数 $\boldsymbol{Y}$ と最も高い相関を持つ共変量 $\boldsymbol{X_j} = (X_{1j}, ..., X_{nj})'$ を $\{\boldsymbol{X_1}, ..., \boldsymbol{X_p}\}$ の中から見つける[8]。

3. β_j を 0 から $\boldsymbol{Y}$ を $\boldsymbol{X_j}$ に回帰した OLS 推定値である $\boldsymbol{X_j'Y}$ へと動かしていき、$|\boldsymbol{X_j'(Y - \beta_j X_j)}| = |\boldsymbol{X_k'(Y - \beta_j X_j)}|$ となる共変量 $\boldsymbol{X_k}$ が見つかった時点で β_j の値を止める（この値を $\bar{\beta}_j$ とする）。

4. (β_j, β_k) を $(\bar{\beta}_j, 0)$ から $\boldsymbol{Y}$ を $\boldsymbol{X_j}$ と $\boldsymbol{X_k}$ に回帰した OLS 推定値の方向へと動かしていき、$|\boldsymbol{X_j'(Y - \beta_j X_j - \beta_k X_k)}| = |\boldsymbol{X_k'(Y - \beta_j X_j - \beta_k X_k)}| = |\boldsymbol{X_l'(Y - \beta_j X_j - \beta_k X_k)}|$ となる共変量 $\boldsymbol{X_l}$ が見つかった時点で (β_j, β_k) の値を止める。

5. 上記のステップをすべての共変量がモデルに追加され、残差との相関が 0 になるまで続ける。

　各ステップについて少し解説を加える。ステップ 3 で $\beta_j = \boldsymbol{X_j'Y}$ とすると、OLS 残差と共変量は直交することから、$\boldsymbol{X_j'(Y - \beta_j X_j)} = 0$ となる。よって、β_j の値を 0 から $\boldsymbol{X_j'Y}$ へと動かしていくと、残差と $\boldsymbol{X_j}$ の相関を単調に小さくすることが可能である。ここが LARS が機能するためのポイントである。相関を徐々に小さくしていけば、いずれは残差と絶対値で同じ相関を持つような別の共変量 $\boldsymbol{X_k}$ を見つけることができる。$\boldsymbol{X_k}$ は $\boldsymbol{X_j}$ 以外で残差と最も高い相関を持つ共変量であり、これを新たにモデルに追加する。また、ステップ 4 で (β_j, β_k) の値を $(\bar{\beta}_j, 0)$ から OLS 推定値へと動かしていくことは、$|\boldsymbol{X_j'(Y - \beta_j X_j - \beta_k X_k)}| = |\boldsymbol{X_k'(Y - \beta_j X_j - \beta_k X_k)}|$ を保ちながら徐々に残差との相関を小さくしていくことに対応している。最終的にはすべての共変量がモデルに入れられ、すべての共変量と残差の相関が 0 になったところで更新は終わる。このとき、$\boldsymbol{\beta}$ はすべての共変量を用いた OLS 推定値 $\hat{\boldsymbol{\beta}}_{ols}$ と一致する。更新アルゴリズムをどこかで停止すれば、$\boldsymbol{\beta}$ の推定値が得られる。

　残差と共変量の相関が小さくなるように $\boldsymbol{\beta}$ を更新していくことは、応答変数の予測値と共変量の相関が大きくなるように $\boldsymbol{\beta}$ を更新しているとも言える。

---

[8] これまで $\boldsymbol{X_j}$ という記号は個体 j の p 個の共変量を並べたベクトルとしてきたが、ここでは、j 番目の共変量を n 個の個体について並べたベクトルを表す。

これを幾何的に解釈すれば、予測値のベクトルと共変量のベクトルのなす角が小さくなるように予測値を更新してくことを意味し、このことから最小角 (least angle) 回帰と呼ばれる。

　上記アルゴリズムにより、$\mathbf{0}$ から $\hat{\boldsymbol{\beta}}_{ols}$ へと連続的に変化する $\boldsymbol{\beta}$ のパスが得られるが、このパスの求め方を少し修正すると、正則化パラメータを $\max_{j \in \{1,\dots,p\}} |\boldsymbol{X}_j'\boldsymbol{Y}|$ から 0 へと変化させたときの Lasso の解パスと一致する。このことを説明するため、LARS の更新をある段階で止めたときの $\boldsymbol{\beta}$ の値を $\tilde{\boldsymbol{\beta}}$ とし、このときモデルに含まれている共変量の集合を $\mathscr{A}$ としよう。すると、$\mathscr{A}$ に含まれる共変量は残差と絶対値で同じ相関を持つことから、すべての $j \in \mathscr{A}$ について、共通の γ が存在して

$$\boldsymbol{X}_j'(\boldsymbol{Y} - \boldsymbol{X}\tilde{\boldsymbol{\beta}}) = \gamma s_j \tag{6.9}$$

が成り立つ。ただし、s_j は左辺の符号を表す。それに対し、$j \notin \mathscr{A}$ である共変量については、残差との相関の絶対値は $\mathscr{A}$ に属する共変量のそれより小さいので

$$|\boldsymbol{X}_j'(\boldsymbol{Y} - \boldsymbol{X}\tilde{\boldsymbol{\beta}})| \leq \gamma \tag{6.10}$$

となる。片や、Lasso 推定値 $\hat{\boldsymbol{\beta}}(\lambda) = (\hat{\beta}_1(\lambda), \dots, \hat{\beta}_p(\lambda))'$ については、KKT 条件と呼ばれる最小化の必要十分条件から、$\hat{\beta}_j(\lambda) \neq 0$ である j については

$$\boldsymbol{X}_j'(\boldsymbol{Y} - \boldsymbol{X}\hat{\boldsymbol{\beta}}(\lambda)) = \lambda \operatorname{sign}(\hat{\beta}_j(\lambda)) \tag{6.11}$$

という関係が得られる。ただし、$\operatorname{sign}(\cdot)$ は引数の符号を返す関数である。それに対し、$\hat{\beta}_j(\lambda) = 0$ である j については

$$|\boldsymbol{X}_j'(\boldsymbol{Y} - \boldsymbol{X}\hat{\boldsymbol{\beta}}(\lambda))| \leq \lambda \tag{6.12}$$

が成り立つ。詳しくは本章末の補論を参照せよ。(6.9) 式と (6.11) 式、(6.10) 式と (6.12) 式を見比べると、正則化パラメータが λ のときの $\hat{\boldsymbol{\beta}}(\lambda)$ は、$\gamma = \lambda$ のときの LARS の推定値 $\tilde{\boldsymbol{\beta}}$ とほぼ同じであることがわかる。ほぼと言ったのは、特定の λ について、$s_j \neq \operatorname{sign}(\hat{\beta}_j(\lambda))$ となりうるためである。ただし、Lasso の解パスと完全に一致するような LARS の修正方法も存在している。詳し

くは Efron et al.（2004）を参照されたい。

　共変量の数が非常に多いときには LARS の計算負荷はそれなりに高くなるため、所与の λ の下で (6.6) 式を解くだけなら、現在では座標降下法などの標準的な最適化アルゴリズムを用いた方がよい。例えば、**glmnet** を使えば、座標降下法で Lasso を求められる（Friedman et al. 2007）。LARS の優れている点は、Lasso の解パスがどのような性質を持つのかを明瞭にしてくれるところにある。例えば、Lasso では、正則化パラメータの値を様々に変えても、ほぼ入れ子になった（nested）モデルしか現れないことがわかる。このことは、Lasso はモデルの候補の数を 2^p から $\min\{n, p\}$ のオーダーにまで減らすことができることを意味する。また、更新のステップ 3 や 4 からわかるように、推定値は 2 点を結ぶ直線上を動くので、Lasso の解パスは λ について区分的に線形（piecewise linear）となる。そのため、すべての λ について最小化問題を解く必要はない。図 6.2 では横軸は λ の対数値をとっているので、解パスは区分的に非線形になっている。

6.2.3　Lasso の性質

　変数選択と予測の観点から、Lasso の性質について考察する。以下では、Lasso の目的関数は

$$\frac{1}{n}\| Y - Xb \|_2^2 + 2\lambda \| b \|_1$$

で与えられているものとする[9]。また、$\hat{M}_\lambda = \{j : \hat{\beta}_j(\lambda) \neq 0\}$ と定義する。$\hat{M}_\lambda$ は正則化パラメータ λ が与えられたとき、Lasso によって選択されるモデルを表している。$\hat{M}_\lambda$ は Lasso のアクティブ集合（active set）とも呼ばれる。また、真の $\beta = (\beta_1, ..., \beta_p)'$ について、$M_0 = \{j : \beta_j \neq 0\}$ とし、モデル M_0 に含まれる変数の数を $s = \sum_{j=1}^p 1\{\beta_j \neq 0\}$ で表す。共変量の数 p や β の非 0 の要素の数 s はサンプルサイズ n に依存しても構わないが、s は n よりもずっと小さいもの

9）(6.6) 式との違いは残差 2 乗和を n で割るかどうかだけであり、本質的には変わりはないが、残差 2 乗和を n で割る場合とそうでない場合では、適切な λ の値が変わってくる。

とする。

　まずは変数選択の性質について述べる。行列 X が一定の条件を満たし、真の β の非 0 の要素が十分大きな値であるという仮定の下、適切に選ばれた正則化パラメータに対して、$n \to \infty$ のとき

$$P(\hat{M}_\lambda = M_0) \to 1$$

が成り立つ、つまり、変数選択の一致性が満たされることが示されている（Meinshausen and Bühlmann 2006；Zhao and Yu 2006 など）。しかしながら、一致性が成り立つための仮定はかなりきつく、むしろ一般には Lasso による変数選択は一致性を満たさないと考えた方がよいであろう。Lasso による変数選択の特徴は、相関の高い共変量が複数ある場合には、そのうちのひとつのみが選択される傾向にあることである。

　Lasso を使うメリットは、推定あるいは予測精度の良さにある。推定誤差を $\lVert X\beta - X\hat{\beta}(\lambda) \rVert_2^2 / n$ で評価することにする。線形回帰モデルは正しく定式化されていると仮定しているので、この推定誤差は 2 章で定義した L_2 損失と等しい。十分大きな $C_1 > 0$ について、$\lambda = C_1\sqrt{\log p / n}$ を満たすとする。また、行列 $n^{-1}X'X$ が制限固有値条件（restricted eigenvalue condition）と呼ばれる条件を満たす確率が、$n \to \infty$ のときに 1 に近づいていくとする[10]。さらに、誤差について $e_i \sim N(0, \sigma^2)$ も仮定する[11]。このとき、ある $C_2 > 0$ が存在し、1 に近い確率で

$$\frac{1}{n}\lVert X\beta - X\hat{\beta}(\lambda) \rVert_2^2 \le \frac{C_2 s \log p}{n} \tag{6.13}$$

が成り立つ。「十分大きな」や「1 に近い確率」などの曖昧な表現が気持ち悪い場合には、Bühlmann and van de Geer（2011）や梅津他（2020）などで詳細を確認されたい。

　不等式(6.13)式の意味するところは以下のとおりである。仮に $p < n$ であ

10）制限固有値条件については、Bickel et al.（2009）などを参照。
11）この仮定を弱めることも可能だが、その場合も分布の裾が十分速く減衰する（劣ガウス的な確率変数である）必要がある。

るとして、同じモデルを OLS で推定すると

$$\frac{1}{n}\|\boldsymbol{X}\boldsymbol{\beta}-\boldsymbol{X}\hat{\boldsymbol{\beta}}_{ols}\|_2^2 = \frac{\sigma^2 p}{n}+o_p(1)$$

が成り立つ。よって、OLS で高い推定精度を得るためには、共変量の数はサンプルサイズに比べてずっと小さくなければならない。これに対して Lasso では、$\log p$ は p の増加に対して非常に緩やかにしか増加しないので、非 0 の係数の数である s さえ十分小さければ、共変量の数がサンプルサイズよりはるかに大きい場合でも、推定誤差は小さくなりうる。また、仮に M_0 を知っている場合には、OLS の推定誤差はおよそ $\sigma^2 s/n$ である。この場合と比較すると、Lasso の推定誤差の上限には $\log p$ が追加的に掛かっている。これは実際には、M_0 を知らないことに対して支払わなければならない代償であると解釈される。

6.2.4 正則化パラメータの選択

続いて、Lasso の正則化パラメータの決め方を考察する。前項の結果から、適切に選ばれた定数 C_1 について、$\lambda^* = C_1\sqrt{\log p/n}$ を正則化パラメータとして用いれば、Lasso は理論上は望ましい性質を満たす。しかし、実際にはそのようにして正則化パラメータの値が決められることはほぼなく、通常は交差検証法を用いて選ばれる。一個抜き交差検証法は計算負荷が高いこともあり、K 分割交差検証法が用いられることが多い。標本を K 個のデータの集合 $I_1, ..., I_K$ にランダムに分割し、正則化パラメータの候補の集合 Λ_n に属する各 λ と $k \in \{1, ..., K\}$ について

$$\hat{\boldsymbol{\beta}}_{(-I_k)}(\lambda) = \arg\min_{\boldsymbol{b}}\left\{\frac{1}{n-|I_k|}\sum_{i\notin I_k}(Y_i-\boldsymbol{X}_i'\boldsymbol{b})^2+2\lambda\|\boldsymbol{b}\|_1\right\}$$

を求め、

$$\mathrm{CV}_K(\lambda) = \frac{1}{K}\sum_{k=1}^{K}\sum_{i\in I_k}\left(Y_i-\boldsymbol{X}_i'\hat{\boldsymbol{\beta}}_{(-I_k)}(\lambda)\right)^2$$

を最小にする λ を Λ_n から選択する。ただし、$|I_k|$ は I_k に含まれる観測値の個数を表す。通常は K は 5 から 10 程度であり、**glmnet** では $K = 10$ がデフォルトの設定になっている。

Chetverikov et al. (2021) は、交差検証法によって正則化パラメータが選択されたときの Lasso の性質を調べている。彼らは、K 分割交差検証法によって選択された $\hat{\lambda} = \arg\min_{\lambda \in \Lambda_n} \mathrm{CV}_K(\lambda)$ について

$$\frac{1}{n}\|\boldsymbol{X\beta} - \boldsymbol{X}\hat{\boldsymbol{\beta}}(\hat{\lambda})\|_2^2 = O_p\left(\frac{s \log p}{n} \times \log(pn)\right)$$

が成り立つことを示している[12]。したがって、λ^* を用いた場合と比べると、オーダーの意味では推定精度はやや落ちることになる。しかし、実際には λ^* の定数部分である C_1 を決定する適切な方法がなく、シミュレーションなどで比較すると、適当に C_1 を選んで推定するよりは、交差検証法を用いた方が精度の高い推定が可能になることが多い。

📈6.3　エラスティックネット

6.2.3 項でも少し述べたように、Lasso による変数選択では、相関の強い共変量のグループが存在する場合、そのうちのひとつの共変量だけを選びがちである。また、Lasso による変数選択では、高々 $\min\{n, p\}$ 個の変数しか選択されない。これらの性質は必ずしも Lasso の欠点ではないのだが、これらの制約を外したいこともある。Zou and Hastie (2005) によるエラスティックネット (elastic net) は、そのようなモチベーションで提案された正則化法である。

エラスティックネットは次のような最小化問題を解く。

$$\min_{\boldsymbol{b}} \left\{\|\boldsymbol{Y} - \boldsymbol{Xb}\|_2^2 + \lambda\{\alpha\|\boldsymbol{b}\|_1 + (1-\alpha)\|\boldsymbol{b}\|_2^2\}\right\}$$

ただし、$0 \leq \alpha \leq 1$ で、λ とともに α もチューニングパラメータである。明ら

---

12) 実際には、Chetverikov et al. (2021) では、(6.13)式のような有限標本のバウンドを求めている。また、$\hat{\lambda}$ は Λ_n にも依存する。Λ_n の決め方については論文を参照。

かに、$\alpha = 0$ のときにはリッジと等しく、$\alpha = 1$ のときには Lasso と等しい。よって、推定量はリッジと Lasso の中間のような性質を持つことが示唆される。エラスティックネットの正則化項は $\alpha = 0$ の場合を除いて Lasso と同様に 0 で微分できず、これによりスパースな解が得られる。一方で、$\alpha < 1$ のときには、正則化項は厳密に凸となり、これは Lasso の正則化項にはない特徴である（絶対値関数は凸だが厳密に凸ではない）。これにより解の一意性が保証される。エラスティックネットについても、**glmnet** で実行可能である。

　詳しく解説はしないが、エラスティックネットの特徴として、共変量が適切に基準化されているならば、相関が高い 2 つの共変量の対応する係数の値は似たような値になることが示されている（詳細は Zou and Haste 2005 の Theorem 1 を参照）。よって、相関が高い 2 つの共変量は、一方が選択されるならもう一方も選択される。これをグルーピング効果と言う。また、エラスティックネットでは、選択可能な変数の数に上限はなく、すべての変数が選択される可能性がある。

　ちなみに、エラスティックネットという名前であるが、これはグルーピング効果に由来しているようである。相関の強い共変量のグループを選択することができることを、「すべての大物を逃がさないための伸縮自在の網のようだ」（"It is like a stretchable fining net that retains all the big fish."）と喩えている。

6.4 オラクル性を満たす正則化法

　Lasso はもっぱら応答変数の予測のために用いられ、限界効果の分析のために用いられることはほぼない。理由としては、Lasso は推定値を縮小するためバイアスを持つことや、漸近分布が特殊であるため（Knight and Fu 2000）、信頼区間の構築が困難であることなどが挙げられる。それらの Lasso の弱点を克服し、漸近正規性を満たすような推定量をもたらす正則化法がいくつか提案されている。以下では、その中でも SCAD（Fan and Li 2001；Fan and Peng 2004）を紹介する。

　Fan and Li（2001）では、次のような最小化問題を解くことを提案している。

図 6.3　Lasso と SCAD の罰則項

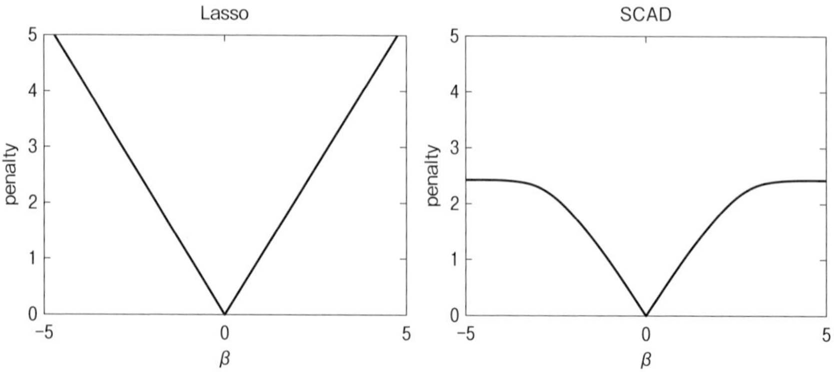

$$\min_{\boldsymbol{b}} \left\{ \| \boldsymbol{Y} - \boldsymbol{X}\boldsymbol{b} \|_2^2 + \sum_{j=1}^{p} p_\lambda(b_j) \right\}$$

ただし、$p_\lambda(\cdot)$ は罰則項で

$$p_\lambda(b_j) = \begin{cases} \lambda |b_j| & |b_j| \leq \lambda \text{ のとき} \\ -\dfrac{|b_j|^2 - 2a\lambda |b_j| + \lambda^2}{2(a-1)} & \lambda < |b_j| \leq a\lambda \text{ のとき} \\ \dfrac{(a+1)\lambda^2}{2} & a\lambda < |b_j| \text{ のとき} \end{cases}$$

である。λ とともに a もチューニングパラメータである。この正則化法は SCAD（smoothly clipped absolute deviation）と呼ばれる。

　SCAD の罰則項は式で書くと複雑だが、モチベーションは明瞭である。Lasso と SCAD の罰則項をグラフで比較すると、図 6.3 のようになる。Lasso の罰則項と同様に、SCAD の罰則項も 0 において微分不可能であり、これによりスパースな解が得られる。相違点としては、絶対値関数は b_j の増加とともに増加し続けるが、SCAD の罰則項は b_j の値が絶対値で $a\lambda$ を超えると一定（b_j に依存しない定数）になる。目的関数に定数を加えても、最小値を達成する b_j には影響を与えないので、絶対値で大きな係数については、縮小をせずに推定することになる。これにより、0 でない係数の推定量のバイアスを取り除くことができる。ただし、罰則項は非凸になるので、数値計算では少し工夫

が必要である。

SCAD 推定量が満たす重要な性質に、オラクル性（oracle property）がある。真のパラメータベクトル β のいくつかの要素が 0 であるとする。一般性を失うことなく、最初の s 個の要素が非 0 、残りの $p-s$ 個の要素が 0 であるとし、$\beta = (\beta_1', \beta_2')' = (\beta_1', \mathbf{0}')'$ と書く。また、それぞれの部分ベクトルに対応する SCAD 推定量を $(\hat{\beta}_1', \hat{\beta}_2')'$ とすると、λ が一定のレートで 0 に近づくとき

$$\sqrt{n}(\hat{\beta}_1 - \beta_1) \xrightarrow{d} N(0, \Sigma), \quad P(\hat{\beta}_2 = \mathbf{0}) \to 1$$

を満たすことが示されている。推定量が漸近正規性を満たすため、β_1 については通常の方法で統計的推測を行うことができる。

SCAD 推定量の性質についてさらに説明を加えると、β_2 の要素は漸近的にすべて 0 と推定されるので、これは変数選択の一致性が満たされることを意味する。また、$\hat{\beta}_1$ の漸近共分散行列 Σ は、$\beta_2 = \mathbf{0}$ として β_1 のみを推定したときの OLS 推定量の漸近共分散行列と一致する。つまり、あらかじめどの係数が 0 であるのかを知っている場合と漸近的には同じ精度でパラメータを推定できる。このような性質はオラクル性と呼ばれる。オラクルとは神のお告げの意味で、どの係数が 0 であるかという神様しか知らないことを知っている場合と同様の結果が得られるという意味で、この言葉が使われている。このような性質を満たす正則化法としては、SCAD の他にも Adaptive Lasso（Zou 2006）などがある。

SCAD は一見すると完璧な方法のようだが、いくつかの問題も抱えている。SCAD 推定量は 2.6.2 項で論じた一致性を満たす変数選択後の OLS 推定量や、4.5.2 項で論じた Hodges の推定量とよく似た性質を満たす。ということは、それらと同じ問題点を抱えていることが想像できるだろう。実際、SCAD 推定量を基に構築された信頼区間は、真のパラメータについて一様に妥当な信頼区間とはならない。また、Leeb and Pötscher（2008）は、SCAD に限らず、変数選択の一致性を満たす正則化推定量 $\hat{\beta}$ について、$n \to \infty$ のとき

$$\sup_{\beta \in \mathbb{R}^p} \mathbb{E}_\beta[n(\ddot{\beta} - \beta)'(\ddot{\beta} - \beta)] \to \infty$$

が成り立つことを示している。ただし、$\mathbb{E}_\beta$ は真の係数ベクトルが β であると

きの期待値を表している。つまりは、どれほど大きなサンプルサイズであって
も、精度の高い推定が困難なパラメータの値が存在する。オラクル性を満たす
推定量の有限標本分布は、漸近理論が示唆する分布とは大きく乖離する可能性
があるのである。

　また、筆者の知る限りにおいては、正則化法がオラクル性を満たすために
は、候補となる共変量の数はサンプルサイズよりもかなり小さくなければなら
ない。例えば、Fan and Peng（2004）では、n の増加とともに p が増加するこ
とを許容しているものの、オラクル性のためには $p^5/n \to 0$ という条件を課し
ている。よって、共変量の数がサンプルサイズを超えるようなときには、理論
的な裏付けがなくなってしまう。

📈 6.5 オーバーフィッティングは本当に問題か *

　これまで本書では繰り返し、バイアスと分散のトレードオフについて述べ、
オーバーフィッティングは避けるべきであるとしてきた。ところが、近年発展
の目覚ましい深層学習の分野で用いられている手法は、古典的な統計学のモデ
ルとはけた違いの膨大な数のパラメータを持つモデルを学習しているにもかか
わらず、非常に良い予測パフォーマンスを示している。このような研究成果
と、本書で繰り返し述べてきたバイアスと分散のトレードオフの関係は、互い
に矛盾するものなのだろうか。

　近年、線形回帰モデルのリッジ推定という文脈において、オーバーフィッテ
ィングが推定量にどのような影響をもたらすかが研究されている（Dobriban
and Wager 2018；Wu and Xu 2020；Kobak et al. 2020；Hastie et al. 2022；
Tsigler and Bartlett 2023 など）。感覚的には共変量の数が多いほど、大きな値
の正則化パラメータを使わなければならないかのように思うかもしれないが、
実は必ずしもそうではないことがわかってきている。共変量の数がサンプルサ
イズより大きいときには、正則化パラメータ λ を正の値にするよりは 0 とし
た方が、つまり、観測されたデータに完全にフィットするモデルを用いた方
が、将来の観測値に対する良い予測が得られる場合があるのである。それどこ
ろかさらに、最適な λ の値は負値になりうることも示されている。

これらの内容を正確に述べるため、リッジ推定量を再定義する。リッジ推定量は (6.2) 式で与えられていたが、正則化パラメータが 0 以下の場合に定義されるとは限らない。よって、本節では次のように拡張されたリッジ推定量を採用する。

$$\hat{\boldsymbol{\beta}}(\lambda) = (\boldsymbol{X}'\boldsymbol{X} + \lambda\boldsymbol{I})^+\boldsymbol{X}'\boldsymbol{Y}$$

ただし、行列 $\boldsymbol{A}$ について $\boldsymbol{A}^+$ は Moore-Penrose 逆行列を表す。このようにリッジ推定量を定義すると、$\hat{\boldsymbol{\beta}}(0)$ は $\boldsymbol{\beta}$ の OLS 推定量のうち、L_2 ノルムが最小のものと一致することが知られている。$\hat{\boldsymbol{\beta}}(0)$ はリッジなし（ridgeless）OLS 推定量とも呼ばれる。また、$p \geq n$ のとき、リッジなし OLS 推定量の残差 2 乗和は 0 となり、推定されたモデルは観測されたデータに完全にフィットする。

次に、データ生成過程に関する仮定を述べる。これまでと同様に、線形回帰モデルがデータ生成過程を表していると考えるが、共変量と誤差項の独立性を仮定し、さらに共変量のベクトルが $\boldsymbol{X}_i = \Sigma_X^{1/2}\boldsymbol{Z}_i$ と表されるとする。ただし、$\boldsymbol{Z}_i = (Z_{i1}, ..., Z_{ip})'$ は各要素が独立で、$\mathbb{E}[Z_{ij}] = 0$ と $\mathrm{Var}[Z_{ij}] = 1$ を満たす確率変数のベクトルである。$\boldsymbol{X}_i$ がこのように表されると仮定することは必ずしも無害ではないが、ランダム行列に関する理論を使いやすくするための仮定で、この分野では標準的な仮定である。$\boldsymbol{X}_i$ の共分散行列である Σ_X の固有値分解を $\Sigma_X = \boldsymbol{U}\boldsymbol{D}\boldsymbol{U}'$ で表す。また、$\boldsymbol{D}$ の対角成分でもある Σ_X の固有値を縦に並べたベクトルを $\boldsymbol{d}_X$ で表す。固有値は降順に並んでいるものとする。

Wu and Xu（2020）に倣って、係数ベクトル $\boldsymbol{\beta}$ を確率変数のベクトルとして扱い、$\mathbb{E}[\boldsymbol{\beta}\boldsymbol{\beta}'] = \Sigma_\beta$ と表す。また、$\boldsymbol{U}'\Sigma_\beta\boldsymbol{U}$ の対角成分を縦に並べたベクトルを $\boldsymbol{d}_\beta$ とする。係数ベクトルを確率ベクトルとして扱う理由は主に技術的なものからであり、突然ベイジアンに宗旨替えしたわけではない。係数ベクトルを確率ベクトルとして扱うことで、この後で (6.14) 式で定義されるリスクの極限がシンプルな形で表現可能になるとともに、最適な正則化パラメータが負となるための条件を記述しやすくなる。

以上の設定の下で、

$$\mathbb{E}[(Y_{n+1} - \boldsymbol{X}'_{n+1}\hat{\boldsymbol{\beta}}(\lambda))^2 \mid \boldsymbol{X}] \tag{6.14}$$

を最小にする λ を探索する[13]。ただし、(Y_{n+1}, X_{n+1}) は標本とは独立でかつ同一の分布に従う観測値を表す。また、期待値は $\{Y_{n+1}, X_{n+1}\}$ とともに β についてもとられている。Wu and Xu（2020）では、$n \to \infty$ のときに、$p/n \to \gamma \in (1, \infty)$ が満たされるという条件の下で、(6.14)式をバイアスに相当する項と分散に相当する項に分解し、それぞれの漸近的な表現を求めている。

　Wu and Xu（2020）の主要な結果は以下のとおりである。リッジ推定量の分散は、共変量の数がサンプルサイズより大きい場合でも、λ について減少関数である。正則化パラメータを大きくするほど、分散は小さくなる。一方、バイアスが λ について増加関数となるか減少関数となるかは、d_X と d_β の関係によって決まる。d_X と d_β の要素が同じ大小関係で並んでいるとき、つまり、d_β の要素が降順に並んでいるときには、$\lambda > 0$ の範囲でバイアスは増加関数となり、$\lambda = 0$ における微分は正となる。反対に、d_β が昇順で並んでいるときには、バイアスは $\lambda < 0$ の範囲で減少関数となり、$\lambda = 0$ における微分は負となる。よって、d_β が降順に並んでいる場合には、λ の値を負にすることによって、$\lambda \geq 0$ の場合よりもバイアスを小さくすることが可能である。さらに、分散よりもバイアスが支配的なケース（$X_i'\beta$ の分散が e_i の分散よりもずっと大きいケース）では、(6.14)式で評価しても負値の正則化パラメータが最適となりうる。

　では、d_X と d_β が同じ大小関係を満たすとは何を意味するのだろうか。Σ_X の i 番目の固有値は、i 番目の固有ベクトルの方向への X の変動の大きさを表していると解釈される。一方、d_β の i 番目の成分は、Σ_X の i 番目の固有ベクトルの方向への β の変動の大きさを表していると解釈される。よって、係数ベクトルが共変量の変動が大きい方向に対して向いているようなときに、負値の λ が最適となる可能性がある。Kobak et al.（2020）でも同様の結果が得られている。言い方を変えると、共変量もしくは係数ベクトルの向きについて特定

13）同様のターゲットは Dobriban and Wager（2018）や Hastie et al.（2022）でも採用されている（ただし、Hastie et al. 2022 は β を定数としている）が、2 章で考察した標本外予測誤差(2.13)式とは異なり、期待値をとる際に X のみに条件付けられている。これについてどのような解釈が成り立つのかは筆者にはよくわからないが、おそらくは、そうすることにより分析が容易になるという以上の意味はないと思われる。

の傾向がない場合（例えば、$\Sigma_X = I$ もしくは $\Sigma_\beta = I$）には、このような現象は見られないということになる。

Hastie et al.（2022）では、$p < n$ と $p > n$ の場合でリッジなし OLS 推定量が異なる特徴を持つ理由を、次のように直感的に説明している。まず、$p < n$ の場合から考える。線形回帰モデルは正しく定式化されていると仮定しているので、リスクをバイアスと分散に分解すると、OLS 推定量にはバイアスが生じない。一方で、分散は p の増加とともに大きくなる。そのため、p が大きいときには、適切な正則化によりリスクを小さくすることができる。それに対し、$p > n$ のときには、OLS 推定量にもバイアスが生じる。なぜなら、真の β は p 次元の空間で値をとるにもかかわらず、β の推定量は n 次元部分空間にしか値をとりえないからである。よって、p が大きくなるほどリッジなし OLS 推定量のバイアスが大きくなる。一方で、分散は p の増加とともに小さくなる。これは、リッジなし OLS 推定量は $Y = X\hat{\beta}(0)$ を満たすが、Y を固定した下で X の列がどんどん増えていくと、$\hat{\beta}(0)$ のノルムは小さくならざるを得ないからである。これはつまり、$p > n$ の場合では、共変量の数が多いということそのものが、ある種の正則化として機能することを意味している。

上記の説明は、二重降下（double descent）と呼ばれる現象とも関係している。$p < n$ のとき、一般には OLS 推定量のバイアスと分散はトレードオフの関係にあるため、モデルの複雑さを横軸、リスクを縦軸にとると、図 6.4 の点線の左側のように U 字の曲線が描ける。ところが、$p > n$ のときには、一定の条件の下では、リッジなし OLS 推定量のリスクは、図 6.4 の点線の右側のように再び減少を始める。このように、モデルの複雑さの増大とともにリスクが二度目の減少を始めることから、このような現象を二重降下と呼ぶ。これは高次元モデルに特有の現象である。二重降下は、線形モデルの推定に限らず多くのケースで観測されており、深層学習などの機械学習の手法が機能する理由を説明する方法のひとつであると考えられている（Belkin et al. 2019 など）。

📈 6.6 補論 *

本補論では、(6.6)式の最小化問題の解が満たす必要十分条件について述べ

図6.4　二重降下

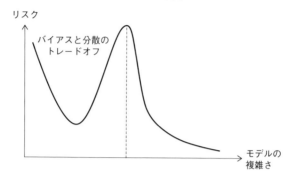

る。

　まず、凸関数 $g : \mathbb{R}^p \to \mathbb{R}$ の劣微分（subdifferential）を定義する。任意の $\boldsymbol{x} \in \mathbb{R}^p$ について

$$g(\boldsymbol{x}) \geq g(\boldsymbol{x}_0) + \boldsymbol{v}'(\boldsymbol{x} - \boldsymbol{x}_0)$$

を満たすようなベクトル $\boldsymbol{v} \in \mathbb{R}^p$ を、関数 g の点 $\boldsymbol{x}_0$ における劣勾配（subgradient）と呼ぶ。劣勾配は一意に定まるとは限らない。そこで、点 $\boldsymbol{x}_0$ におけるすべての劣勾配の集合を

$$\partial g(\boldsymbol{x}_0) = \{\boldsymbol{v} \in \mathbb{R}^p | \text{ 任意の } \boldsymbol{x} \in \mathbb{R}^p \text{ について } g(\boldsymbol{x}) \geq g(\boldsymbol{x}_0) + \boldsymbol{v}'(\boldsymbol{x} - \boldsymbol{x}_0)\}$$

と定義し、関数 g の点 $\boldsymbol{x}_0$ における劣微分と呼ぶ。

　例えば、$g(x) = |x|$ については、

$$\partial g(x_0) = \begin{cases} \text{sign}(x_0) & x_0 \neq 0 \text{ のとき} \\ [-1, 1] & x_0 = 0 \text{ のとき} \end{cases}$$

が成り立つ。

　Lasso の目的関数を

$$S(\boldsymbol{b}) = \|\boldsymbol{Y} - \boldsymbol{X}\boldsymbol{b}\|_2^2 + 2\lambda \|\boldsymbol{b}\|_1$$

とすると、その劣微分は

$$\partial S(\boldsymbol{b}) = -2\boldsymbol{X}'(\boldsymbol{Y} - \boldsymbol{X}\boldsymbol{b}) + 2\lambda\partial\|\boldsymbol{b}\|_1$$

となる。ただし、$\partial\|\boldsymbol{b}\|_1$ は L_1 ノルムの劣微分である。$\hat{\boldsymbol{\beta}}(\lambda) = (\hat{\beta}_1(\lambda), ..., \hat{\beta}_p(\lambda))'$ が $S(\boldsymbol{b})$ の最小値を達成するための必要十分条件は

$$\boldsymbol{0} \in \partial S(\hat{\boldsymbol{\beta}}(\lambda))$$

を満たすことである。この条件は KKT（Karush-Kuhn-Tucker）条件と呼ばれる。よって、$\boldsymbol{X}$ の列ベクトルを $\boldsymbol{X}_1, ..., \boldsymbol{X}_p$ で表すと、$\hat{\beta}_j(\lambda) \neq 0$ である j については

$$-\boldsymbol{X}_j'(\boldsymbol{Y} - \boldsymbol{X}\hat{\boldsymbol{\beta}}(\lambda)) + \lambda\,\mathrm{sign}(\hat{\beta}_j(\lambda)) = 0$$

が成り立つのに対し、$\hat{\beta}_j(\lambda) = 0$ である j については、ある $v_j \in [-1, 1]$ が存在して

$$-\boldsymbol{X}_j'(\boldsymbol{Y} - \boldsymbol{X}\hat{\boldsymbol{\beta}}(\lambda)) + \lambda v_j = 0$$

が成り立つ。

第7章 変数選択後の統計的推測

計量経済学では、応答変数の予測のみならず、限界効果の統計的推測も重要なテーマである。そこでこれまでも、変数選択後の統計的推測の問題について何度か考察してきた。2.6 節では、変数選択の結果選ばれたモデルを用いて統計的推測を行うとどのような問題が生じうるのかを考察した。また 6.4 節では、変数選択の一致性を満たす正則化法を用いた統計的推測の問題点を指摘した。これらに共通する問題は、興味のあるパラメータについて一様に妥当な信頼区間を求めることができないという点にあった。

変数選択や正則化は因果推論においても用いられる。非交絡の仮定の下で、4.3 節で紹介した方法により ATE の推定が可能であるが、非交絡の条件を成り立たせるためには、多くの共変量（交絡変数）の影響をコントロールしなければならないこともある。そのような場合には、$\mu_d(\boldsymbol{x})$ や $p(\boldsymbol{x})$ などの局外パラメータを機械学習の手法で推定するということが考えられる。しかし、局外パラメータの推定から生じるバイアスの影響を適切にコントロールしなければ、ATE に関する妥当な推測を行うことができないことが知られている。そのため、例えば Ellickson et al.（2023）では、局外パラメータをランダムフォレストで推定し、そのバイアスの影響をコントロールしたうえで、マーケティングの効果の ATE を調べている。

本章では、変数選択もしくは正則化の後に、いかにして妥当な統計的推測を行うかという問題を考える。そのような問題に対しては、大きく分けると 2 つのアプローチが存在している。これらのアプローチの違いは、統計モデルを構

造的なモデルと考えるか記述的なモデルと考えるかによって生じる。構造的な分析、つまり、データの生成過程の分析に興味があるのであれば、正しいモデルが存在すると想定して、そのモデルの構造パラメータに関する統計的推測を考えるのが自然である。このような考え方と親和的なアプローチを 7.2 節から 7.4 節で紹介する。一方、記述的な分析、つまり、観測されるデータからわかる事実の分析のみに興味があるのであれば、便宜的に用いるモデルはデータの生成過程を表している必要はない。統計的推測も「真」のパラメータについて行う必要はない。このような考え方と親和的なアプローチを 7.5 節で紹介する。

📈7.1　一様に妥当な信頼区間

　最初に一様に妥当な信頼区間という言葉の意味を明確にしておこう。一様という場合、何について一様かという点が重要であるが、分析者が想定するデータ生成過程について一様という意味である。例えば、次のような線形回帰モデルを考えるとする。

$$Y_i = \beta_1 X_{i1} + \beta_2 X_{i2} + e_i$$

ただし、回帰変数は確率変数ではない定数であるとし、$e_i \sim N(0, \sigma^2)$ とする。また、単純化のため、σ^2 は既知であるとしよう。このようなモデルを考えるということは、データの分析者は、応答変数 Y は

$$\mathbf{P} = \{N(\beta_1 X_1 + \beta_2 X_2, \sigma^2) : \beta_1 \in \mathbb{R}, \beta_2 \in \mathbb{R}\}$$

と表される分布の集合の中のいずれかの分布に従っていると想定していることになる。このとき、β_1 の信頼区間 CI が信頼水準 $1-\alpha$ の一様に妥当な信頼区間であるとは

$$\inf_{P \in \mathbf{P}} P(\beta_1 \in \mathrm{CI}) \geq 1-\alpha$$

が成り立つことを意味する[1]。つまり、データが $\mathbf{P}$ に属するどの分布から発生していたとしても、信頼区間は確率 $1-\alpha$ 以上で β_1 を含む。

では、一様に妥当な信頼区間はどのようにして得られるのだろうか。ポイントは、ピボタル（pivotal）な統計量、つまり、分布が P に依存しない統計量を構築することである。例えば、β_1 の OLS 推定量を $\hat{\beta}_1$ とし、

$$Z = \frac{\hat{\beta}_1 - \beta_1}{\sigma/\|\widetilde{\boldsymbol{X}}_1\|}$$

とする[2]。ただし、$\widetilde{\boldsymbol{X}}_1$ は X_{i1} を X_{i2} に回帰した残差ベクトルを表す。すると、Z は任意の $P \in \mathbf{P}$ について標準正規分布に従うので、$\inf_{P \in \mathbf{P}} P(|Z| \geq z_{1-\alpha/2}) = 1-\alpha$ が成り立つ。これを書き換えると

$$\inf_{P \in \mathbf{P}} P\left(\hat{\beta}_1 - z_{1-\alpha/2}\frac{\sigma}{\|\widetilde{\boldsymbol{X}}_1\|} \leq \beta_1 \leq \hat{\beta}_1 + z_{1-\alpha/2}\frac{\sigma}{\|\widetilde{\boldsymbol{X}}_1\|}\right) = 1-\alpha$$

となる。よって、区間 $[\hat{\beta}_1 - z_{1-\alpha/2}\sigma/\|\widetilde{\boldsymbol{X}}_1\|,\ \hat{\beta}_1 + z_{1-\alpha/2}\sigma/\|\widetilde{\boldsymbol{X}}_1\|]$ は β_1 の一様に妥当な信頼区間である。

あいにく、一般のデータ生成過程については、統計量の厳密分布を求めることはほぼ不可能であり、ピボタルな統計量も求められない。したがって、漸近的にピボタルな統計量、つまり、漸近分布がデータ生成過程に依存しないような統計量を基に信頼区間を構築する。そのため、漸近的にしか妥当な信頼区間を構築することはできない。信頼水準 $1-\alpha$ の漸近的に一様に妥当な信頼区間は

$$\lim_{n \to \infty} \inf_{P \in \mathbf{P}_n} P(\beta_1 \in \mathrm{CI}) \geq 1-\alpha \tag{7.1}$$

を満たすものとして定義される。$\mathbf{P}_n$ という記号は、データ生成過程とその集合がサンプルサイズに依存することを許容している。3.3.2 項では、「偽りの

1）少し混乱を招くノーテーションであるかもしれないが、本章での $P(\cdot)$ の意味は、真の分布が P の下での確率という意味である。$\mathrm{Pr}_P(\cdot)$ のような記号を採用した方がわかりやすいかもしれない。

2）厳密には、統計量とは標本の関数のことであり、未知パラメータに依存してはならない。よって、Z は統計量ではないが、話を複雑にしないために統計量と呼ぶ。英語では pivotal quantity のような呼び方をする。

ない」という言葉を用いたが、(7.1)式が満たされないならば、どれだけサンプルサイズが大きくても、特定のデータ生成過程については被覆確率が $1-\alpha$ よりずっと小さくなる可能性を排除することができない。どのような分布の集合 $\mathbf{P}_n$ について (7.1) 式を示すべきかも問題であるが、通常は大数の法則や中心極限定理が一様に成り立つなど、適当な条件が満たされるように考察する分布のクラスに制約を置く[3]。

　本章の課題は、変数選択や正則化を伴う推論において、(漸近的に) 一様に妥当な信頼区間を得ることである。2.6 節で考察した $\mathrm{CI}(\hat{M})$ は、$\hat{M}$ がどのような変数選択法で選ばれたとしても、一様に妥当な信頼区間とはならないことが知られている。一致性を満たす方法で選択をすれば、サンプルサイズに依存しない固定された P については、$\lim_{n \to \infty} P(\beta_1 \in \mathrm{CI}(\hat{M})) = 1-\alpha$ を満たすが、

$$\lim_{n \to \infty} \inf_{P \in \mathbf{P}_n} P(\beta_1 \in \mathrm{CI}(\hat{M})) = 0$$

となるため、やはり一様に妥当な信頼区間とはならない。

7.2　debiased Lasso

　次のような線形回帰モデルを考える。

$$Y_i = \boldsymbol{X}_i'\boldsymbol{\beta} + e_i$$

ただし、$\boldsymbol{X}_i = (X_{i1}, ..., X_{ip})'$ と e_i は独立で、$e_i \sim N(0, \sigma^2)$ とする。また、$\boldsymbol{X}_i \sim N(\boldsymbol{0}, \boldsymbol{\Sigma})$ も仮定する[4]。$\boldsymbol{\Sigma}$ は正則行列であるとし、その逆行列を $\boldsymbol{\Theta}$ で表す。共変量の数 p はサンプルサイズ n よりも大きいことを許容する。興味の対象は $\boldsymbol{\beta}$ の特定の要素であり、これに関する信頼区間を求めることが目標である。

　6.4 節でも述べたとおり、Lasso 推定量はバイアスを持ち、漸近分布も特殊である。そのため、Lasso を用いた信頼区間の構築は困難である。debiased

---

3）確率収束や分布収束の一様性に関する議論は、Kasy（2018）などを参照。
4）van de Geer et al.（2014）では、共変量が確率変数ではない定数であるケースや、確率変数だが正規分布には従わないケースも考察している。

Lasso は、Lasso のバイアスを除去することによって、漸近的に正規分布に従う推定量を構築する方法であり、ほぼ同時期に複数の異なる研究グループによって提案されている (Zhang and Zhang 2014；van de Geer et al. 2014；Javanmard and Montanari 2014)。

　以下では、van de Geer et al.（2014）を参考に、debiased Lasso の求め方を解説する。まず、$\tilde{\beta}$ を β の Lasso 推定量、つまり、

$$\tilde{\beta} = \arg\min_b \left\{ \frac{1}{n}\|Y - Xb\|_2^2 + 2\lambda\|b\|_1 \right\}$$

とする。すると、KKT 条件（6章の補論を参照）から

$$-\frac{1}{n}X'(Y - X\tilde{\beta}) + \lambda\kappa = 0 \tag{7.2}$$

を満たす。κ は L_1 ノルムの劣勾配である。これをさらに変形すると

$$\hat{\Sigma}(\tilde{\beta} - \beta) + \lambda\kappa = \frac{1}{n}X'e$$

が成り立つ。ただし、$\hat{\Sigma} = X'X/n$ である。よって、仮に $\hat{\Sigma}$ が正則であれば、上式の両辺に $\sqrt{n}\hat{\Sigma}^{-1}$ を掛けることで

$$\sqrt{n}(\tilde{\beta} - \beta + \hat{\Sigma}^{-1}\lambda\kappa) = \frac{1}{\sqrt{n}}\hat{\Sigma}^{-1}X'e$$

が成り立つ。これは、Lasso 推定量に $\hat{\Sigma}^{-1}\lambda\kappa$ を加えてバイアス修正をしてやれば、X に条件付けた下で、期待値 β の正規分布に従うことを意味している。誤差項に正規性を仮定していることに注意されたい。$p > n$ のときは $\hat{\Sigma}$ は正則にはならないが、Θ の適切な推定量が得られれば代用できる。また、(7.2) 式から $\lambda\kappa = X'(Y - X\tilde{\beta})/n$ が成り立つので、debiased Lasso 推定量

$$\hat{\beta} = \tilde{\beta} + \frac{1}{n}\hat{\Theta}'X'(Y - X\tilde{\beta})$$

が得られる。ただし、$\hat{\Theta}$ は Θ の推定量である。バイアス修正をすることによって、$\hat{\beta}$ はもはやスパースではなくなっている。このことから、$\hat{\beta}$ は desparsified Lasso とも呼ばれる。

　では、Θ の推定方法を考えよう。Θ の第 j 列を Θ_j とし、この推定方法について述べる。基本的なアイデアは次のとおりである。X_i から j 番目の成分を除いたベクトルを $X_{i,-j}$ で表し、$\Theta_j = (\Theta_{1j}, ..., \Theta_{pj})'$ から j 番目の成分を除いたベクトルを $\Theta_{j,-j}$ とすると、X_{ij} を $X_{i,-j}$ に射影した線形射影係数 γ_j と Θ_j の間には、

$$\gamma_j = -\Theta_{j,-j}/\Theta_{jj}$$

が成立する。また、$1/\Theta_{jj}$ は $\mathbb{E}[(X_{ij}-X'_{i,-j}\gamma_j)^2]$ と等しい。以上の関係を利用すると、線形射影係数ベクトル γ_j と射影誤差の分散 $\tau_j^2 \equiv \mathbb{E}[(X_{ij}-X'_{i,-j}\gamma_j)^2]$ を推定すれば、Θ_j が推定できることがわかる。van de Geer et al.（2014）では、ノード別（nodewise）Lasso と呼ばれる方法で γ_j を推定することを推奨しており、

$$\hat{\gamma}_j = \arg \min_{\gamma} \left\{ \frac{1}{n} \sum_{i=1}^{n} (X_{ij}-X'_{i,-j}\gamma)^2 + 2\lambda_j \|\gamma\|_1 \right\}$$

を用いる。また、τ_j^2 の推定には

$$\hat{\tau}_j^2 = \frac{1}{n} \sum_{i=1}^{n} (X_{ij}-X'_{i,-j}\hat{\gamma}_j)^2 + \lambda_j \|\hat{\gamma}_j\|_1$$

を用いる。以上から $\hat{\Theta}$ の第 j 列は

$$\hat{\Theta}_j = \frac{1}{\hat{\tau}_j^2} (-\hat{\gamma}_{1,j}, ..., -\hat{\gamma}_{j-1,j}, 1, -\hat{\gamma}_{j+1,j}, ..., -\hat{\gamma}_{p,j})'$$

で得られる。

　続いて、debiased Lasso 推定量の漸近的な性質について考察する。まず、$\hat{\beta}_j$ について

$$\sqrt{n}\,(\hat{\beta}_j - \beta_j) = \frac{1}{\sqrt{n}}\hat{\boldsymbol{\Theta}}_j' \boldsymbol{X}' \boldsymbol{e} - \Delta_j \tag{7.3}$$

が成り立つ。ただし、$\Delta_j = \sqrt{n}\,(\hat{\boldsymbol{\Sigma}}\hat{\boldsymbol{\Theta}}_j - \boldsymbol{\iota}_j)'(\tilde{\boldsymbol{\beta}} - \boldsymbol{\beta})$ で、$\boldsymbol{\iota}_j$ は第 j 成分が 1 でその他の成分が 0 のベクトルである。(7.3)式の右辺第 1 項は、

$$\frac{1}{\sqrt{n}}\hat{\boldsymbol{\Theta}}_j' \boldsymbol{X}' \boldsymbol{e} \mid \boldsymbol{X} \;\sim\; N(0, \sigma^2 \hat{\boldsymbol{\Theta}}_j' \hat{\boldsymbol{\Sigma}} \hat{\boldsymbol{\Theta}}_j)$$

を満たすので、Δ_j が 0 に確率収束するならば、$\hat{\beta}_j$ の漸近正規性が示される[5]。Δ_j が 0 に確率収束するには、通常は $\boldsymbol{\beta}$ と $\boldsymbol{\Theta}_j$ についてスパース性の条件が必要である。$\boldsymbol{\beta}$ と $\boldsymbol{\Theta}_j$ の 0 ではない要素の数をそれぞれ s_0 と s_j とすると、van de Geer et al.（2014）は $s_0 = o(\sqrt{n}/\log p)$ かつ $s_j = o(n/\log p)$ という条件の下で、漸近正規性が成り立つことを示している。また、Javanmard and Montanari（2018）や Bellec and Zhang（2022）などが、異なるスパース性の条件の下で同様の結果を示している。

　漸近正規性は、スパース性などの一定の条件を満たすようなデータ生成過程の集合 $\mathbf{P}_n$ について、一様に成立することを示すこともできる。van de Geer et al.（2014）は任意の $j \in \{1, ..., p\}$ と任意の $z \in \mathbb{R}$ について

$$\lim_{n \to \infty} \sup_{P \in \mathbf{P}_n} \left| P\!\left(\frac{\sqrt{n}\,(\hat{\beta}_j - \beta_j)}{\sigma\sqrt{\hat{\boldsymbol{\Theta}}_j' \hat{\boldsymbol{\Sigma}} \hat{\boldsymbol{\Theta}}_j}} \leq z \mid \boldsymbol{X} \right) - \Phi(z) \right| = 0$$

が成り立つことを示している。ただし、$\Phi(z)$ は標準正規分布の分布関数である。したがって、σ^2 が既知であれば、$\mathbf{P}_n$ について一様に妥当な信頼区間を構築することができる。もちろん、σ^2 を事前に知っていることはないので、何らかの方法で推定する必要がある。$p > n$ のときに誤差分散を推定することは容易ではないが、scaled Lasso（Sun and Zhang 2012）などの一致推定量を得る

5）漸近正規性という場合、通常は第 1 項の無条件分布が正規分布に分布収束することを示すが、彼らの議論では、誤差に正規性を課すことで、条件付分布が厳密に正規分布になるようにしている。中心極限定理から漸近正規性を示すことも不可能ではないが、そのためには共変量の数 p について追加的な制約が必要となる可能性がある。

ための方法が存在する。van de Geer et al.（2014）では、σ^2 をそのような一致推定量で置き換えたときに、依然として一様性が満たされるのかどうかについては言及していない。それに対し、Javanmard and Montanari（2018）は、やや設定は異なるが、σ^2 を scaled Lasso 推定量で置き換えても、一様に妥当な信頼区間が求められることを示している。

　実際に debiased Lasso を使う際には、チューニングパラメータの選び方が重要である。チューニングパラメータには、Lasso で用いる λ とノード別 Lasso で用いる λ_j の 2 つがあり、特に後者の選び方が重要である。debiased Lasso 推定量 $\hat{\beta}_j$ のバイアスと分散は λ_j についてトレードオフの関係にあり、λ_j を小さくすると、バイアスは減少するのに対して分散は大きくなる。チューニングパラメータの選択方法として現状最も用いられているのは交差検証法であるが、交差検証法で λ_j を決定すると、$\hat{\beta}_j$ のバイアスが大きくなりすぎて、適切な信頼区間が求められない場合がある。そのような問題に対し、Shinkyu and Sueishi（2022）は、統計的推測に適したチューニングパラメータの選択方法を提案している。

7.3 post-double-selection

次のような部分線形モデルを考える[6]。

$$Y_i = \alpha D_i + g(\boldsymbol{Z}_i) + e_i, \quad \mathbb{E}[e_i \mid D_i, \boldsymbol{Z}_i] = 0 \tag{7.4}$$

$$D_i = m(\boldsymbol{Z}_i) + v_i, \quad \mathbb{E}[v_i \mid \boldsymbol{Z}_i] = 0 \tag{7.5}$$

ここで、D_i はスカラーの変数であり、$\boldsymbol{Z}_i$ はコントロール（交絡）変数のベクトルである。興味のあるパラメータは α であるとする。例えば、D_i は処置を表す（必ずしも 2 値変数ではない）変数で、交絡変数 $\boldsymbol{Z}_i$ の影響をコントロールした下で、処置効果 α を推定するというような状況を想定している。(7.5) 式は交絡変数が処置変数に及ぼす影響を表している。

　関数 g と m の関数形は分析者には未知だが、$\boldsymbol{Z}_i$ の既知の変換である

　6）部分線形モデルについては、4.1 節を参照。

$X_i = P(Z_i)$ の線形関数によって近似でき、近似誤差は漸近的には無視できるほど小さいものとする。つまり、あるベクトル β_g と β_m が存在して、

$$g(Z_i) = X_i'\beta_g + r_{gi}$$
$$m(Z_i) = X_i'\beta_m + r_{mi}$$

が成り立ち、r_{gi} と r_{mi} の影響は推定誤差と比べるとずっと小さく無視できるものとする。そのため、実質的には X_i について線形性を仮定しているのと大きな違いはない。近似の例としては、3.2 節で考察したシリーズによる近似が考えられるが、β_g や β_m がスパースであれば、X_i の次元はサンプルサイズより大きくても構わない。

debiased Lasso では、線形回帰モデルを Lasso で推定した後で、推定値にバイアス修正項を加えることでバイアスを修正した。別のバイアス修正の方法として、Lasso によって選択されたモデルを OLS で推定し直すということが考えられる。この方法は OLS post-Lasso と呼ばれ、縮小推定によって生じたバイアスが除去されると考えられる。Belloni and Chernozhukov（2013）は OLS post-Lasso の性質を分析し、6.2.3 項で論じたような Lasso の優れた性質を保ちつつ、バイアスを削減できることを示している。よって、応答変数の予測が目的であれば OLS post-Lasso は優れた方法なのだが、α の統計的推測には使うことができない。なぜなら、変数選択の方法を Lasso に変更しただけで、2.6 節で考察した方法と基本的には同じだからである。

このような問題を解決して α の統計的推測を行うため、Belloni et al.（2014）では post-double-selection という方法を提案している。パラメータの推定は次のようなステップで行われる。

1. Y_i の予測に有用な共変量を、X_i から Lasso などの変数選択法により選択する。
2. D_i の予測に有用な共変量を、X_i から Lasso などの変数選択法により選択する。
3. Y_i を D_i とステップ 1 と 2 で選ばれた共変量の和集合に対して回帰して、OLS で α を推定する。

　上記のステップを踏む主たる理由は、欠落変数バイアスを回避するためである。仮に (7.4) 式の $g(Z_i)$ を $X_i'\beta_g$ で置き換えて Lasso を適用すると、Lasso の変数選択の性質から、D_i と強い相関をもつ共変量はモデルから抜け落ちる可能性がある。もしその共変量が応答変数の決定要因になっているならば、選択されたモデルを OLS で推定すると、α の推定量には欠落変数バイアスが生じてしまう。double-selection では、Y_i と相関がある変数と D_i と相関がある変数を両方モデルに取り込むことができ、欠落変数の問題を回避することができる。

　理論の詳細には立ち入らないが、Belloni et al.（2014）は β_g と β_m がスパースであるなどの条件の下で、$\hat{\alpha}$ の漸近分散の推定量 $\hat{\sigma}^2$ が存在して

$$\lim_{n \to \infty} \sup_{P \in \mathbf{P}_n} \left| P\left(\hat{\alpha} - z_{1-\alpha/2} \frac{\hat{\sigma}}{\sqrt{n}} \leq \alpha \leq \hat{\alpha} + z_{1-\alpha/2} \frac{\hat{\sigma}}{\sqrt{n}} \right) - (1-\alpha) \right| = 0$$

が成り立つことを示している。ただし、$\mathbf{P}_n$ は一定の正則条件を満たす分布の集合を表している。よって、信頼区間 $[\hat{\alpha} - z_{1-\alpha/2}\hat{\sigma}/\sqrt{n},\ \hat{\alpha} + z_{1-\alpha/2}\hat{\sigma}/\sqrt{n}]$ は $\mathbf{P}_n$ について漸近的に一様に妥当な信頼区間となっている。

📊7.4　double/debiased machine learning*

　次のようなモーメント条件によって有限次元パラメータ θ_0 が識別されるケースを考察する[7]。

$$\mathbb{E}[m(Z_i, \theta_0, \eta_0)] = 0$$

ただし、η_0 は未知の関数であり、θ_0 には依存しないものとする。また、m の次元は θ_0 の次元と等しいとしておく[8]。4 章で考察したモデルの興味のあるパラメータは、シングルインデックスモデルを除いて、すべてこの形式で表された。

　本節では、Chernozhukov et al.（2018）によって提案された、double/deb-

7）4.4 節と同様に、本節でもベクトルを表すのに太字を用いない。

iased machine learning（DML）と呼ばれる θ_0 の推定方法を紹介する。DML 推定量は 4.4 節で考察したプラグイン推定量の一種であるが、η_0 を Lasso やランダムフォレストなどの機械学習の手法を用いて推定するところに特徴があり、Z_i の次元が大きいときでも θ_0 の推定や統計的推測が可能である。

7.4.1 DML 推定量とその性質

DML 推定量の性質を理解するために、プラグイン推定量の性質について簡単に復習しておこう。4.4 節では、η_0 をノンパラメトリック推定量 $\hat{\eta}$ で置き換えて、

$$\bar{m}_n(\hat{\theta}, \hat{\eta}) = 0$$

を解くことで θ_0 を推定するプラグイン法を考察した。ただし、$\bar{m}_n(\theta, \eta) = n^{-1}\sum_{i=1}^{n} m(Z_i, \theta, \eta)$ である。Andrews（1994）では、プラグイン推定量の漸近正規性のためには次の 2 つの条件が鍵となっていた。

1. $\nu_n(\hat{\eta}) - \nu(\eta_0) \xrightarrow{p} 0$
2. $\sqrt{n}\,\mathbb{E}[m(Z_i, \theta_0, \hat{\eta})] = o_p(1)$

ただし、$\nu_n(\eta)$ は (4.12) 式で定義される。これら 2 つの条件が満たされるならば、$\hat{\theta}$ は漸近正規性を満たし、その漸近分散は η_0 が既知の場合の θ_0 のモーメント推定量の漸近分散と一致する。

同様の条件が $\hat{\eta}$ を Lasso やランダムフォレストなどで求めても成り立つならば、Andrews（1994）と特に話は変わらないのだが、η_0 が高次元の変数の関数である場合には新たな問題が生じる。プラグイン推定量の漸近理論では、Donsker 条件と呼ばれる条件を用いて条件 1 を示すことが一般的であるが、高次元のケースではこの条件が満たされないのである。この問題の解決策のひと

8）これは単純化のための仮定であり、m の次元が θ_0 の次元よりも大きい場合でも、以下に示す方法と同様の手法を用いることは可能である。そのような場合の推定方法や応用例については、Chernozhukov et al.（2022）を参照されたい。また、興味の対象が有限次元のパラメータではなく関数である場合にも、本節の手法を拡張した推定方法が考察されており、Nie and Wager（2021）や Foster and Syrgkanis（2023）などがある。

つは、標本分割（sample splitting）を行うことである。標本分割とは、η_0 の推定に用いるデータと、θ_0 の推定に用いるデータを分けることである。標本分割を行うと、$\nu_n(\cdot)$ と $\hat{\eta}$ が独立になり、緩やかな条件の下で条件 1 が成立する。

　標本分割は古典的な手法であり、Andrews（1994）はむしろ、標本分割を用いずにプラグイン推定量の漸近正規性を示したところに彼の論文の貢献があると考えていた。標本分割を避けたのは、推定量の効率性のためである。標本を分割すると、それだけ θ_0 の推定に使用できるサンプルのサイズが小さくなるので、推定量の分散が大きくなる。このような問題を解決するために、Chernozhukov et al.（2018）では単純に標本を分割するのではなく、クロスフィッティング（cross-fitting）という方法を用いている。クロスフィッティングについては後で述べる。

　次に条件 2 について考える。$\sqrt{n}\,\mathbb{E}[m(Z_i, \theta_0, \hat{\eta})]$ が

$$
\sqrt{n}\,\mathbb{E}[m(Z_i, \theta_0, \hat{\eta})] = \sqrt{n}\,\partial_\eta \mathbb{E}[m(Z_i, \theta_0, \eta_0)][\hat{\eta} - \eta_0] \\
+ \sqrt{n}\,O_p(\|\hat{\eta} - \eta_0\|_T^2) + o_p(1) \tag{7.6}
$$

のように展開できるとする。ただし

$$
\partial_\eta \mathbb{E}[m(Z_i, \theta_0, \eta_0)][\eta - \eta_0] \equiv \frac{\partial}{\partial r}\mathbb{E}[m(Z_i, \theta_0, \eta_0 + r(\eta - \eta_0))]\Big|_{r=0}
$$

は η に関する Gâteaux 微分（関数に関する方向微分）であり、$\|\cdot\|_T$ は適当なノルムである。もし、任意の η について

$$
\partial_\eta \mathbb{E}[m(Z_i, \theta_0, \eta_0)][\eta - \eta_0] = 0 \tag{7.7}
$$

が成り立つならば、(7.6) 式の右辺第 1 項は 0 となる。よって、あとは $\|\hat{\eta} - \eta_0\|_T = o_p(n^{-1/4})$ が成り立つならば、条件 2 が満たされる。

　Chernozhukov et al.（2018）では (7.7) 式の性質を Neyman 直交性と呼んでいて、Neyman 直交性を満たすモーメント条件を使うよう推奨している。Neyman 直交性の直感的な意味としては、(7.7) 式が成り立つならば、η が η_0 からわずかにずれても依然としてモーメント条件が成り立つので、η_0 を $\hat{\eta}$ で置き換えることが θ_0 の推定に与える影響は限定的であると考えられる。4.4 節で

仮定したように、モーメント関数 m は $\eta_0(X_i)$ という値を通じてしか $\eta_0(\cdot)$ に依存しないとすると、Neyman 直交性は

$$\mathbb{E}\left[\frac{\partial m(Z_i, \theta_0, \eta_0(X_i))}{\partial \eta} \mid X_i\right] = 0$$

と同値であり、これは条件 (4.16) 式と等しい。例えば、部分線形モデルの推定において Robinson (1988) が用いたモーメント条件 (4.10) 式は、$\eta = (\eta_x, \eta_y)$ についてこの条件を満たしている。

もうひとつの $\|\hat{\eta} - \eta_0\|_T = o_p(n^{-1/4})$ という条件について、Chernozhukov et al. (2018) では多くの機械学習の手法で満たされると主張している。4.4 節の議論と同様に、$\hat{\theta}$ の $\sqrt{n}$ 一致性のためには、$\hat{\eta}$ の収束レートは $n^{-1/2}$ より遅くても構わない。ただし、この条件が満たされるためには、使用する機械学習の手法と η_0 の性質がうまくマッチしていなければならない。例えば Lasso を使う場合には、η_0 が線形関数で十分よく近似でき、かつ、真の係数ベクトルがスパースであることが必要であるし、ランダムフォレストを使う場合にも、ランダムフォレストでうまく推定できるような性質を η_0 が満たしている必要がある。ノンパラメトリック推定には必ず次元の呪いの問題が生じるので、η_0 がどのような関数であっても高精度で推定可能な方法は存在しない。

以下では、モーメント関数は Neyman 直交性を満たすものとする。DML では次のようなクロスフィッティングを用いて θ_0 を推定する[9]。

1. 観測値の添え字の集合 $[n] = \{1, ..., n\}$ をランダムに $\{I_k\}_{k=1}^K$ に K 分割する。単純化のため、n は K で割り切れ、K 等分されているものとする。$k \in [K] = \{1, ..., K\}$ について、$I_k^c = \{1, ..., n\} \setminus I_k$ と定義する。

2. 各 $k \in [K]$ について、添え字が I_k^c の観測値のみを用いて、機械学習の手法を用いて η_0 の推定量

$$\hat{\eta}_k = \hat{\eta}(\{Z_i\}_{i \in I_k^c})$$

---

9) Chernozhukov et al. (2018) では別のクロスフィッティングの方法も提案している。

を求める。

3. 次の等式を解く推定量 $\hat{\theta}$ を求める。

$$\frac{1}{n}\sum_{k=1}^{K}\sum_{i\in I_k}m(Z_i,\hat{\theta},\hat{\eta}_k)=0 \tag{7.8}$$

このように、観測値の集合を分割して繰り返し用いることで、θ_0 の推定にすべての観測値を用いることが可能となる。よって、推定量の効率性を犠牲にすることなく標本分割が可能となる。分割の数 K は $\hat{\theta}$ の漸近分布には影響を与えないが、有限標本の性質には影響を与えうる。論文では $K=4$ または 5 程度が推奨されている。

適当な条件の下で、(7.8)式によって求められる推定量は、η_0 が既知の場合の θ_0 のモーメント推定量と漸近的に同等となる。それに加えて、Chernozhukov et al. (2018) では、推定量 $\hat{\theta}$ の漸近正規性はある種の正則条件を満たすデータ生成過程 $\mathbf{P}_n$ について一様に成り立つことを示している。さらに、モーメント関数が θ について線形である場合、つまり

$$m(z,\theta,\eta)=m^a(z,\eta)\theta+m^b(z,\eta)$$

のように書ける場合には、$\hat{\theta}$ の漸近分散の推定量 $\hat{\Sigma}$ が存在して

$$\mathrm{CI}=\left[l'\hat{\theta}-z_{1-\alpha/2}\sqrt{\frac{l'\hat{\Sigma}l}{n}},\ l'\hat{\theta}+z_{1-\alpha/2}\sqrt{\frac{l'\hat{\Sigma}l}{n}}\right]$$

について、

$$\lim_{n\to\infty}\sup_{P\in\mathbf{P}_n}\left|P(l'\theta_0\in\mathrm{CI})-(1-\alpha)\right|=0$$

が成り立つことが示されている。ただし、l は θ_0 と同じ次元の定数のベクトルである。

7.4.2　Neyman 直交化

Neyman 直交性は常に満たされるとは限らない。例えば、4.3 節で考察した ATE の推定問題を考えよう。Hirano et al. (2003) では、次のようなモーメント条件を用いたプラグイン推定量を提案していた。

$$\mathbb{E}\left[\frac{D_i Y_i}{p(X_i)} - \frac{(1-D_i)Y_i}{1-p(X_i)} - \tau_{ate}\right] = 0$$

モーメント条件が傾向スコア p について Neyman 直交性を満たすならば、DML で ATE を推定できるのだが、このモーメント条件は Neyman 直交性を満たさない。

Chernozhukov et al.（2018）では、Neyman 直交性を満たさないモーメント条件について、Neyman 直交性を満たすように変換する方法をいくつか提案している。その方法のひとつは、プラグイン推定量の影響関数をモーメント関数として用いることである。4.4.4 項で求めたように、Hirano et al.（2003）の推定量の影響関数は

$$\Psi(Z_i, \tau_{ate}, p, \mu_1, \mu_0) = \frac{D_i Y_i}{p(X_i)} - \frac{(1-D_i)Y_i}{1-p(X_i)} - \tau_{ate}$$
$$-\left(\frac{\mu_1(X_i)}{p(X_i)} + \frac{\mu_0(X_i)}{1-p(X_i)}\right)(D_i - p(X_i))$$

で与えられる。影響関数はその定義より、

$$\mathbb{E}[\Psi(Z_i, \tau_{ate}, p, \mu_1, \mu_0)] = 0 \tag{7.9}$$

を満たす。また、$\eta_0 = (p, \mu_1, \mu_0)$ について、Neyman 直交性を満たすことを示すこともできる。よって、(7.9) 式をモーメント条件として推定すればよい。ただし、そのためには μ_1 と μ_0 を追加的に推定する必要がある。

Chernozhukov et al.（2022）でも用いられているように、より一般には、オリジナルのモーメント関数に補正項 $\phi(Z_i, \theta_0, \eta_0, \alpha_0)$ を加えて

$$\mathbb{E}[m(Z_i, \theta_0, \eta_0) + \phi(Z_i, \theta_0, \eta_0, \alpha_0)] = 0 \tag{7.10}$$

を新しいモーメント条件とすることで、Neyman 直交性が満たされる。ただし、α_0 は何かしらの未知関数を表す。この補正項は 4.4.3 項と 4.4.4 項で導出方法を論じたものであり、$\kappa(P) = \mathbb{E}[m(Z_i, \theta_0, \eta(P))]$ というパラメータの影響関数として与えられる[10]。これは、Newey（1994）の方法で求めることもできるし、最近では Ichimura and Newey（2022）が別の影響関数の求め方を示

している。また、このような Neyman 直交化されたモーメント関数を用いて得られる推定量は、4.4.4 項で紹介した二重頑健な推定量と密接な関係にある。詳細は Chernozhukov et al.（2022）を参照されたい。

7.4.3　Neyman 直交性が満たされないときの問題

最後に、Neyman 直交性が満たされないモーメント条件を使ってプラグイン推定をすると何が起こるのか、Newey et al.（2004）を参考にしながら説明しよう。Newey et al.（2004）では、4.4.3 項の設定で考えているが、より一般的なケースでも本質的な問題は変わらない。設定としては、(4.15)式と同じく

$$
\begin{aligned}
\sqrt{n}\,&\mathbb{E}[m(Z_i, \theta_0, \hat{\eta})] \\
&\approx \sqrt{n}\int \mathbb{E}\!\left[\frac{\partial m(Z_i, \theta_0, \eta_0(X_i))}{\partial \eta}\,\Big|\,X_i = x\right](\hat{\eta}(x)-\eta_0(x))f(x)dx \\
&\quad + \frac{\sqrt{n}}{2}\int \mathbb{E}\!\left[\frac{\partial^2 m(Z_i, \theta_0, \eta_0(X_i))}{\partial \eta^2}\,\Big|\,X_i = x\right](\hat{\eta}(x)-\eta_0(x))^2 f(x)dx
\end{aligned} \tag{7.11}
$$

が成り立つような状況を考える。$\delta(x) = \mathbb{E}[\frac{\partial m(Z_i, \theta_0, \eta_0(X_i))}{\partial \eta}\,|\,X_i = x]$、$\bar{\eta}(x) = \mathbb{E}[\hat{\eta}(x)]$ と定義すると、Neyman 直交条件が満たされない、つまり、$\delta(x) \neq 0$ ならば、(7.11)式の右辺第 1 項は次のように分解できる。

$$
\sqrt{n}\int \delta(x)(\hat{\eta}(x)-\bar{\eta}(x))f(x)dx + \sqrt{n}\int \delta(x)(\bar{\eta}(x)-\eta_0(x))f(x)dx
$$

適当な条件を置けば、上式の第 1 項は $n^{-1/2}\sum_{i=1}^{n}\phi(Z_i, \theta_0, \eta_0, \alpha_0)$ と漸近的に同等であることが示される。よって、もし

$$
\sqrt{n}\int \delta(x)(\bar{\eta}(x)-\eta_0(x))f(x)dx \xrightarrow{p} 0 \tag{7.12}
$$

が満たされるならば、プラグイン推定量の漸近分布は、Neyman 直交化されたモーメント条件(7.10)式を用いた場合のプラグイン推定量の漸近分布と同じで

10）Chernozhukov et al.（2022）では、$\phi(Z_i, \theta_0, \eta_0, \alpha_0)$ を first step influence function と呼んでいる。

あることが示される。

以上から、もし推定量が漸近的に線形になるならば、Neyman 直交性を満たすモーメント条件を用いても満たさないモーメント条件を用いても、プラグイン（DML）推定量の漸近分布は変わらないことがわかる。しかし、推定量が漸近的に線形になるための条件は両者で同じではない[11]。Neyman 直交性を満たさない場合には、(7.12)式が満たされなければならない。$\hat{\eta}(x) - \eta_0(x)$ は $\hat{\eta}(x)$ のバイアスなので、(7.12)式が成り立つためには $\hat{\eta}$ のバイアスが十分小さくなければならない。これは η_0 を 3 章で扱ったノンパラメトリック法で推定するにせよ、機械学習の方法で推定するにせよ、かなり制約的な条件である。実際、Hahn（1998）と Hirano et al.（2003）は Neyman 直交性を満たさないモーメント条件を用いてプラグイン推定量の漸近正規性を証明しているが、彼らはかなり制約的な仮定を置いている。

7.5 選択的推測 *

本節では、選択的推測（selective inference）と呼ばれる統計的推測の方法について説明する。選択的推測とは、あるモデルが選択されたという条件の下で、興味のあるパラメータを決定し、そのパラメータに関する統計的推測を行うものである。

考察するモデルは次のような線形モデルである。

$$Y_i = \boldsymbol{X}_i'\boldsymbol{\beta} + e_i$$

ただし、$\boldsymbol{X}_i = (X_{i1}, ..., X_{ip})'$ は定数のベクトルであるとする。線形モデルは必ずしもデータ生成過程を表しておらず、$\boldsymbol{Y} = (Y_1, ..., Y_n)'$ の真の分布は $N(\boldsymbol{\mu}, \sigma^2 \boldsymbol{I})$ で与えられているとする。ただし、$\boldsymbol{\mu} \in \mathbb{R}^n$ は未知のベクトルで、単純化のため σ^2 は既知であるとする。

以下で用いる主な記号の意味は 2 章と同じである。すべての共変量の集合から、部分集合を選んで得られる線形モデルを M という記号で表す。すべての

---

[11] 4.4.3 項では推定量が漸近的に線形であることを仮定していた点に注意。

共変量を用いる場合を集合 $\{1, ..., p\}$ とし、M はその部分集合として表される。また、線形モデル M の共変量の行列を $\boldsymbol{X}_M$ とする。

7.5.1　PoSI 信頼区間

　Berk et al.（2013）によって提案された PoSI（post-selection inference）信頼区間を紹介をする。彼らは任意の方法で変数選択を行った後に選ばれたモデルを OLS で推定し、興味のあるパラメータの妥当な信頼区間を得る方法を考察している。Berk et al.（2013）の設定の特徴的な点は、興味の対象がモデルごとに異なるところにある。彼らは、モデル M における興味のあるパラメータは

$$\boldsymbol{\beta}(M) \equiv (\boldsymbol{X}_M'\boldsymbol{X}_M)^{-1}\boldsymbol{X}_M'\boldsymbol{\mu} = \arg\min_b \|\boldsymbol{\mu} - \boldsymbol{X}_M\boldsymbol{b}\|^2$$

であるとする。つまり、モデル M を用いるときには、$\boldsymbol{X}_M$ による $\boldsymbol{\mu}$ の最良線形近似の係数が興味の対象である。これは (1.9) 式の線形射影係数に対応するものであるが、ここでは共変量を確率変数ではなく定数として扱っている。推論を行う対象は選択されたモデルによって決定される。

　変数選択を行わず、最初からモデル M を分析に用いているならば、$\boldsymbol{\beta}(M)$ の各成分の信頼区間を求めることは容易である。共変量 $j \in M$ の係数 $\beta_j(M)$ の OLS 推定量を $\hat{\beta}_j(M)$ とすると、t 統計量

$$t_j(M) = \frac{\hat{\beta}_j(M) - \beta_j(M)}{\sigma/\|\boldsymbol{X}_{j \cdot M}\|}$$

はベクトル $\boldsymbol{\mu}$ の値によらず標準正規分布に従う。ただし、$\boldsymbol{X}_{j \cdot M}$ は $\boldsymbol{X}$ の第 j 列を $\boldsymbol{X}_M$ のその他の列に回帰した残差のベクトルを表す。よって、

$$\mathrm{CI}_j(M) = \left[\hat{\beta}_j(M) - z_{1-\alpha/2}\frac{\sigma}{\|\boldsymbol{X}_{j \cdot M}\|}, \ \hat{\beta}_j(M) + z_{1-\alpha/2}\frac{\sigma}{\|\boldsymbol{X}_{j \cdot M}\|}\right] \tag{7.13}$$

とすると、$\mathbf{P} = \{N(\boldsymbol{\mu}, \sigma^2\boldsymbol{I}) : \boldsymbol{\mu} \in \mathbb{R}^n\}$ について

$$\inf_{P \in \mathbf{P}} P(\beta_j(M) \in \mathrm{CI}_j(M)) = 1 - \alpha$$

が成り立つ。

　ここでの目的は、データ依存的に選ばれたモデル $\hat{M}$ について、$\beta_j(\hat{M})$ の妥当な信頼区間を得ることである。しかし、(7.13)式の M を $\hat{M}$ で置き換えるだけでは、妥当な信頼区間を得ることはできない。そこで

$$\mathrm{CI}_j^K(\hat{M}) = \left[\hat{\beta}_j(\hat{M}) - K\frac{\sigma}{\|\boldsymbol{X}_{j\cdot\hat{M}}\|}, \ \hat{\beta}_j(\hat{M}) + K\frac{\sigma}{\|\boldsymbol{X}_{j\cdot\hat{M}}\|}\right] \tag{7.14}$$

という形式の信頼区間を考えて、どのような方法で選択された $\hat{M}$ についても

$$P(\beta_j(\hat{M}) \in \mathrm{CI}_j^K(\hat{M}), \ \forall j \in \hat{M}) \geq 1-\alpha \tag{7.15}$$

を満たす定数 K を見つけるということを考える[12]。Berk et al.（2013）はこの定数 K を PoSI 定数と呼び、PoSI 定数を用いた (7.14) 式の信頼区間を PoSI 信頼区間と呼んでいる。

　PoSI 信頼区間の意味するところを直感的に述べると次のようになる。仮に $\boldsymbol{Y}$ を 100 回 $N(\boldsymbol{\mu}, \sigma^2\boldsymbol{I})$ から抽出し、毎回交差検証法などの同じ方法で変数選択を行っても、標本ごとに異なるモデルが選択される可能性がある。しかし、彼らの方法で信頼水準 0.95 の信頼区間を構築すれば、95 回以上は興味のあるパラメータを含むものになっている。ただし、興味のあるパラメータそのものも標本に依存して変化するので、100 個の信頼区間は必ずしも同じパラメータに対する信頼区間にはなっていない。

　PoSI 定数の求め方のアイデアは以下のとおりである。信頼区間と t 統計量の関係より、(7.15)式が満たされるためには、同じ定数 K について

$$P\left(\max_{j \in \hat{M}} |t_j(\hat{M})| \leq K\right) \geq 1-\alpha$$

が成り立てばよい。ここで、用いている選択方法によって選ばれうるすべてのモデルの集合を $\mathcal{M}$ とすれば、

---

12)　$j \notin \hat{M}$ であるような j については、$\beta_j(\hat{M})$ は定義することができない点に注意されたい。Berk et al.（2013）の設定においては、選ばれなかった共変量の係数は 0 と推定されたと考えるのではなく、そのような係数はそもそも存在しないと考える。

$$\max_{j \in \hat{M}} |t_j(\hat{M})| \leq \max_{M \in \mathcal{M}} \max_{j \in M} |t_j(M)|$$

が成立するので、上式の右辺を確率 $1-\alpha$ でバウンドできるような定数 K を求めればよい。各々の t 統計量 $t_j(M)$ は標準正規分布に従い、その分布は μ には依存しない。そのため、このようにして求められた K について

$$\inf_{P \in \mathbf{P}} P(\beta_j(\hat{M}) \in \mathrm{CI}_j^K(\hat{M}), \ \forall j \in \hat{M}) \geq 1-\alpha$$

が成立する。よって、2.6 節の議論で問題となっていた一様性の問題が解決される。

限界効果の分析においては、事前に決めた特定の共変量の限界効果にのみ着目する場合も多い。そこで Berk et al.（2013）ではさらに、特定の共変量の係数のみの信頼区間の求め方も提案している。その共変量が j 番目の共変量である場合には、候補となるすべてのモデルは共変量 j を含むという設定の下で、

$$\inf_{P \in \mathbf{P}} P(\beta_j(\hat{M}) \in \mathrm{CI}_j^{K_j}(\hat{M})) \geq 1-\alpha$$

を満たすような定数 K_j を求めることもできる。

PoSI 定数の求め方について、さらに詳細な議論はしないが、特殊なケースを除いて解析的に求めることはできず、コンピュータを用いて数値的にしか求められない。また、共変量の数が多いときには計算負荷が高く、著者らは $\mathrm{rank}(\boldsymbol{X}) > 20$ の場合には求めることが難しいと述べている。

PoSI 信頼区間では一様性の問題は一応クリアされているものの、2.6 節と本節では根本的に設定が異なる点には注意が必要である。2.6 節では「真のモデル」の存在を仮定して、そのモデルの真のパラメータに関する信頼区間を求めることに関心があった。推定に用いるモデルが変わっても、興味のあるパラメータは不変である。それに対して、本節の設定では、興味のあるパラメータは選択されたモデルによって決定される。PoSI 信頼区間が対象とするパラメータが、本当にデータ分析者にとって興味のあるものであるかどうかは、分析したい問題に依存する。

また、Leeb et al.（2015）のシミュレーション結果によると、興味の対象が $\beta(\hat{M})$ であるときには、(2.16)式のようなナイーブな信頼区間を用いても、つ

まり、選ばれたモデルをあらかじめ与えられたモデルであるかのように扱って通常の方法で信頼区間を求めても、ある程度高い被覆確率をもたらすことが確認されている。構造モデルの分析に (2.16) 式を用いることは問題であるが、Berk et al.（2013）の設定においてナイーブな方法で信頼区間を求めることは、実はそれほど深刻な問題を引き起こさない可能性もある。

7.5.2 正確な被覆確率を持つ信頼区間

Berk et al.（2013）の方法のメリットは、どのような方法で変数選択が行われても、妥当な信頼区間が求められるというところにある。そのため、p ハッキングのような問題を回避するための手段となりうるかもしれない。しかし、どのような方法で変数選択を行っても一定の被覆確率が得られるということは、非常に保守的な信頼区間を求めているということでもある。PoSI 信頼区間の被覆確率は意図した信頼水準よりも大きくなりがちで、信頼区間は広くなる傾向にある。変数選択の方法を特定の方法に限定すれば、信頼区間を狭くできる可能性がある。

Lee et al.（2016）と Tibshirani et al.（2016）は、Lasso などの特定の方法で変数選択が行われた場合の変数選択後の信頼区間の求め方を考察している。彼らの設定でも、興味のあるパラメータはモデルの選択後に決定される。あるモデル M が選択された後に、モデル M に依存する定数のベクトル $\eta \in \mathbb{R}^n$ について興味のあるパラメータを $\eta'\mu$ と定義し、次のような性質を満たす信頼区間 CI を求めることを提案している。

$$P(\eta'\mu \in \mathrm{CI} \mid \hat{M} = M) = 1 - \alpha$$

特に、$\iota_j \in \mathbb{R}^{p_M}$ を第 j 成分のみが 1 でその他の成分が 0 のベクトル、$\eta = X_M(X_M'X_M)^{-1}\iota_j$ とすれば、$\eta'\mu$ は $\beta(M)$ の j 番目の成分となり、その OLS 推定量は $\eta'Y$ である。

方法の説明に入る前に、Berk et al.（2013）の信頼区間との違いを説明しておく。Berk et al.（2013）の PoSI 信頼区間とは異なり、ここでは特定のモデル M が選ばれたケースのみを考察の対象とし、そのような事象で条件付けた下で信頼区間を求めている。この信頼区間の信頼水準が 0.95 であるということ

の意味を直感的に述べると、次のようになる。$\boldsymbol{Y}$ を $N(\boldsymbol{\mu}, \sigma^2 \boldsymbol{I})$ から何度も抽出し、毎回 Lasso などの同じ方法で変数選択をする。そのうち特定のモデル M が選ばれたケースのみを 100 回取り出し、信頼区間を求めるとする。すると、100 個の信頼区間のうちおよそ 95 個は $\boldsymbol{\eta}'\boldsymbol{\mu}$ を含んでいる。

Lee et al. (2016) と Tibshirani et al. (2016) は、特定の変数選択法の性質を利用すれば、事象 $\{\hat{M} = M\}$ を条件とした下での $\boldsymbol{\eta}'\boldsymbol{Y}$ の条件付分布がシンプルな形で特徴づけられることを利用して、$\boldsymbol{\eta}'\boldsymbol{\mu}$ の信頼区間を構築する。以下では、Lasso を用いて変数選択をすることを想定するが、LARS や（本書では紹介していないが）変数増加法（forward stepwise selection）で変数選択を行っても同様の結果は得られる。Lasso 推定量を $\hat{\boldsymbol{\beta}} = (\hat{\beta}_1, ..., \hat{\beta}_p)'$ とすると、Lasso によって選択される変数の集合は $\hat{M} = \{j \in \{1, ..., p\} : \hat{\beta}_j \neq 0\}$ である。つまり、すべての共変量を用いて Lasso 推定を行った結果、対応する係数が 0 にならなかった変数のみを取り出す。

Lasso による変数選択の特徴は、それぞれのモデルに対応する応答変数の値の集合が、多面体の集合によって表されることである。より正確には次のようになる。Lasso によって選択されるモデルを $\hat{M}$、$\hat{\boldsymbol{\beta}}$ の非 0 成分の符号を表すベクトルを $\hat{\boldsymbol{s}} \in \{-1, 1\}^{p_{\hat{M}}}$ とする。例えば、$\hat{\boldsymbol{\beta}} = (1.2, 0, 0, -2.5, 4.1)'$ であれば、$\hat{M} = \{1, 4, 5\}$、$\hat{\boldsymbol{s}} = (1, -1, 1)'$ である。このとき、$\hat{M} = M$ と $\hat{\boldsymbol{s}} = \boldsymbol{s}$ を実現するような $\boldsymbol{Y}$ の実現値の集合は、ある行列 $\boldsymbol{A}_s$ とベクトル $\boldsymbol{b}_s$ が存在して、

$$\{\boldsymbol{y} \in \mathbb{R}^n : \boldsymbol{A}_s \boldsymbol{y} \leq \boldsymbol{b}_s\} \tag{7.16}$$

と表されることが、Lasso の最小化問題の KKT 条件から示すことができる[13]。つまり、応答変数の実現値が (7.16) 式で与えられる集合のいずれかの要素であれば、モデル M が選ばれて、Lasso の符号ベクトルは $\boldsymbol{s}$ となる。

さらに、$\boldsymbol{Y}$ を $\boldsymbol{\eta}$ が張る空間に射影した射影残差を $\boldsymbol{z}$ とすると、$\boldsymbol{A}_s$ と $\boldsymbol{b}_s$ に依存する関数 $(\mathcal{V}_s^-, \mathcal{V}_s^+, \mathcal{V}_s^0)$ が存在して

$$\{\boldsymbol{A}_s \boldsymbol{Y} \leq \boldsymbol{b}_s\} = \{\mathcal{V}_s^-(\boldsymbol{z}) \leq \boldsymbol{\eta}'\boldsymbol{Y} \leq \mathcal{V}_s^+(\boldsymbol{z}), \ \mathcal{V}_s^0(\boldsymbol{z}) \geq 0\}$$

---

13) $\boldsymbol{A}_s$ と $\boldsymbol{b}_s$ はモデル M にも依存するが、表記の単純化のため記号は省略する。

と表現できる。ただし、$\{A_s Y \le b_s\}$ とは、$Y \in \{y \in \mathbb{R}^n : A_s y \le b_s\}$ という意味である。ここで、Y の正規性から、$\eta' Y \sim N(\eta'\mu, \sigma^2 \|\eta\|^2)$ が成り立つ。さらに、z と $\eta' Y$ は無相関であることも示され、正規性からこれらは独立ともなる。以上をまとめると、$\{\hat{M} = M, \hat{s} = s\}$ を条件とすると、$\eta' Y$ は $N(\eta'\mu, \sigma^2 \|\eta\|^2)$ を下限 $\mathcal{V}_s^-(z)$ と上限 $\mathcal{V}_s^+(z)$ で切断した切断正規分布に従うことが示される[14]。よって、集合 S 上で切断された $N(\mu, \sigma^2)$ の分布関数を F_{μ, σ^2}^S とすると

$$F_{\eta'\mu, \sigma^2\|\eta\|^2}^{[\mathcal{V}_s^-(z), \mathcal{V}_s^+(z)]}(\eta' Y) \mid \{\hat{M} = M, \hat{s} = s\} \sim \text{Unif}[0, 1]$$

が成立する[15]。

求める信頼区間の構築のためには、$\{\hat{M} = M, \hat{s} = s\}$ ではなく $\{\hat{M} = M\}$ を条件とする条件付分布が既知であるような統計量が必要である。ここで、$\{\hat{M} = M, \hat{s} = s\}$ の起こりうる符号 s に関する和集合をとることで、$\{\hat{M} = M\} = \bigcup_s \{\hat{M} = M, \hat{s} = s\}$ と表される。そのため、$\{\hat{M} = M\}$ に条件付けることは、$\bigcup_s \{A_s Y \le b_s\}$ で条件付けるのと同じであり、

$$F_{\eta'\mu, \sigma^2\|\eta\|^2}^{\cup_s[\mathcal{V}_s^-(z), \mathcal{V}_s^+(z)]}(\eta' Y) \mid \{\hat{M} = M\} \sim \text{Unif}[0, 1]$$

が成り立つことも示される。$\eta'\mu$ の信頼水準 $1-\alpha$ の信頼区間を求めるには、区間の下限 L と上限 U をそれぞれ

$$F_{L, \sigma^2\|\eta\|^2}^{\cup_s[\mathcal{V}_s^-(z), \mathcal{V}_s^+(z)]}(\eta' Y) = 1 - \frac{\alpha}{2}, \quad F_{U, \sigma^2\|\eta\|^2}^{\cup_s[\mathcal{V}_s^-(z), \mathcal{V}_s^+(z)]}(\eta' Y) = \frac{\alpha}{2}$$

を満たすように選べばよい。信頼区間の構築に用いる統計量の条件付分布は μ に依存しないため、この信頼区間は一様に妥当な信頼区間となっている。

---

14) 結果としてはこれで正しいのだが、この議論には少し飛躍がある。正確な内容については、Lee et al.（2016）を参照。

15) 任意の連続確率変数 X について、その分布関数を F とすると、$F(X)$ は $[0, 1]$ 区間の一様分布に従う。

● 参考文献

Ai, C. and X. Chen (2003) "Efficient Estimation of Models with Conditional Moment Restrictions Containing Unknown Functions," *Econometrica*, 71(6), pp.1795-1843.

Akaike, H. (1973) "Information Theory and an Extension of the Maximum Likelihood Principle," *Second International Symposium on Information Theory*, pp.267-281.

Andrews, D. W. (1994) "Asymptotics for Semiparametric Econometric Models via Stochastic Equicontinuity," *Econometrica*, 62(1), pp.43-72.

Arlot, S. and A. Celisse (2010) "A Survey of Cross Validation Procedures for Model Selection," *Statistics Surveys*, 4, pp.40-79.

Armstrong, T. B. and M. Kolesár (2018) "Optimal Inference in a Class of Regression Models," *Econometrica*, 86(2), pp655-683.

Athey, S. and G. Imbens (2016) "Recursive Partitioning for Heterogeneous Causal Effects," *Proceedings of the National Academy of Sciences*, 113(27), pp.7353-7360.

Bajari, P., D. Nekipelov, S. P. Ryan, and M. Yang (2015) "Machine Learning Methods for Demand Estimation," *American Economic Review*, 105(5), pp.481-485.

Belkin, M., D. Hsu, S. Ma, and S. Mandal (2019) "Reconciling Modern Machine-Learning Practice and the Classical Bias-Variance Trade-Off," *Proceedings of the National Academy of Sciences*, 116(32), pp.15849-15854.

Bellec, P. C. and C.-H. Zhang (2022) "De-Biasing The Lasso With Degrees-of-Freedom Adjustment," *Bernoulli*, 28(2), pp.713-743.

Belloni, A. and V. Chernozhukov (2013) "Least Squares after Model Selection in High-Dimensional Sparse Models," *Bernoulli*, 19(2), pp.521-547.

Belloni, A., V. Chernozhukov, D. Chetverikov, and K. Kato (2015) "Some New Asymptotic Theory for Least Squares Series: Pointwise and Uniform Results," *Journal of Econometrics*, 186(2), pp.345-366.

Belloni, A., V. Chernozhukov, and C. Hansen (2014) "Inference on Treatment Effects after Selection among High-Dimensional Controls," *Review of Economic Studies*, 81 (2), pp.608-650.

Berk, R., L. Brown, A. Buja, K. Zhang, and L. Zhao (2013) "Valid Post-Selection Inference," *Annals of Statistics*, 41 (2), pp.802-837.

Bertsimas, D., A. King, and R. Mazumder (2016) "Best Subset Selection via a Modern Optimization Lens," *Annals of Statistics*, 44 (2), pp.813-852.

Biau, G. (2012) "Analysis of a Random Forests Model," *Journal of Machine Learning Research*, 13, pp.1063-1095.

Bickel, P. J., Y. Ritov, and A. B. Tsybakov (2009) "Simultaneous Analysis of Lasso and Dantzig Selector," *Annals of Statistics*, 37 (4), pp.1705-1732.

Breiman, L. (1996) "Bagging Predictors," *Machine Learning*, 24, pp.123-140.

Breiman, L. (2001) "Random Forests," *Machine Learning*, 45, pp.5-32.

Bühlmann, P. and S. van de Geer (2011) *Statistics for High-Dimensional Data: Methods, Theory and Applications*, Springer.

Bühlmann, P. and B. Yu (2002) "Analyzing Bagging," *Annals of Statistics*, 30 (4), pp. 927-961.

Calonico, S., M. D. Cattaneo, and M. H. Farrell (2018) "On the Effect of Bias Estimation on Coverage Accuracy in Nonparametric Inference," *Journal of the American Statistical Association*, 113 (522), pp.767-779.

Calonico, S., M. D. Cattaneo, and M. H. Farrell (2020) "Optimal Bandwidth Choice for Robust Bias-Corrected Inference in Regression Discontinuity Designs," *Econometrics Journal*, 23 (2), pp.192-210.

Calonico, S., M. D. Cattaneo, and R. Titiunik (2014) "Robust Nonparametric Confidence Intervals for Regression-Discontinuity Designs," *Econometrica*, 82 (6), pp.2295-2326.

Cattaneo, M. D. and R. Titiunik (2022) "Regression Discontinuity Designs," *Annual Review of Economics*, 14, pp.821-851.

Chen, T. and C. Guestrin (2016) "XGBoost: A Scalable Tree Boosting System," *Proceedings of the 22nd ACM SIGKDD International Conference on Knowledge Discovery and Data Mining*, pp.785-794.

Chen, X. (2007) "Large Sample Sieve Estimation of Semi-Nonparametric Models," in *Handbook of Econometrics*, 6 (B), ch.76, pp.5549-5632.

Chen, X. and A. Santos (2018) "Overidentification in Regular Models," *Econometrica*, 86 (5), pp.1771-1817.

Cheng, M.-Y., J. Fan, and J. S. Marron (1997) "On Automatic Boundary Corrections," *Annals of Statistics*, 25 (4), pp.1691-1708.

Chernozhukov, V., D. Chetverikov, M. Demirer, E. Duflo, C. Hansen, W. Newey, and J. Robins (2018) "Double/Debiased Machine Learning for Treatment and Structural Parameters," *Econometrics Journal*, 21 (1), pp.C1-C68.

Chernozhukov, V., J. C. Escanciano, H. Ichimura, W. K. Newey, and J. M. Robins（2022）"Locally Robust Semiparametric Estimation," *Econometrica*, 90(4), pp.1501-1535.

Chetverikov, D., Z. Liao, and V. Chernozhukov（2021）"On Cross-Validated Lasso in High Dimensions," *Annals of Statistics*, 49(3), pp.1300-1317.

Chi, C.-M., P. Vossler, Y. Fan, and J. Lv（2022）"Asymptotic Properties of High-Dimensional Random Forests," *Annals of Statistics*, 50(6), pp.3415-3438.

Claeskens, G. and N. L. Hjort（2008）*Model Selection and Model Averaging*, Cambridge University Press.

Craven, P. and G. Wahba（1979）"Smoothing Noisy Data with Spline Functions: Estimating the Correct Degree of Smoothing by the Method of Generalized Cross-Validation," *Numerische Mathematic*, 31, pp.377-403.

Cunningham, S.（2021）*Causal Inference: The Mixtape*, Yale University Press.（カニンガム, S.（2023）『因果推論入門：ミックステープ 基礎から現代的アプローチまで』加藤真大他訳、技術評論社）

Davis, J. M. V. and S. B. Heller（2020）"Rethinking the Benefits of Youth Employment Programs: The Heterogeneous Effects of Summer Jobs," *Review of Economics and Statistics*, 102(4), pp.664-677.

Dobriban, E. and S. Wager（2018）"High-Dimensional Asymptotics of Prediction: Ridge Regression and Classification," *Annals of Statistics*, 46(1), pp.247-279.

Efron, B.（1986）"How Biased is the Apparent Error Rate of a Prediction Rule?" *Journal of the American Statistical Association*, 81(394), pp.461-470.

Efron, B.（2004）"The Estimation of Prediction Error: Covariance Penalties and Cross-Validation," *Journal of the American Statistical Association*, 99(467), pp.619-632.

Efron, B., T. Hastie, I. Johnstone, and R. Tibshirani（2004）"Least Angle Regression," *Annals of Statistics*, 32(2), pp.407-499.

Ellickson, P. B., W. Kar, and J. C. Reeder III（2023）"Estimating Marketing Component Effects: Double Machine Learning from Targeted Digital Promotions," Marketing Science, 42(4), pp.704-728.

Engle, R. F., C. W. Granger, J. Rice, and A. Weiss（1986）"Semiparametric Estimates of the Relation Between Weather and Electricity Sales," *Journal of the American Statistical Association*, 81(394), pp.310-320.

Fan, J.（1992）"Design-Adaptive Nonparametric Regression," *Journal of the American Statistical Association*, 87(420), pp.998-1004.

Fan, J.（1993）"Local Linear Regression Smoothers and Their Minimax Efficiencies," *Annals of Statistics*, 21(1), pp.196-216.

Fan, J. and I. Gijbels（1996）*Local Polynomial Modelling and Its Applications*, Monographs on Statistics and Applied Probability 66, CRC Press.

Fan, J. and R. Li（2001）"Variable Selection via Nonconcave Penalized Likelihood and Its

Oracle Properties," *Journal of the American Statistical Association*, 96 (456), pp. 1348-1360.

Fan, J. and H. Peng (2004) "Nonconcave Penalized Likelihood with a Diverging Number of Parameters," *Annals of Statistics*, 32 (3), pp.928-961.

Foster, D. J. and V. Syrgkanis (2023) "Orthogonal Statistical Learning," *Annals of Statistics*, 51 (3), pp.879-908.

Friedman, J. (2001) "Greedy Function Approximation: A Gradient Boosting Machine," *Annals of Statistics*, 29 (5), pp.1189-1232.

Friedman, J., T. Hastie, H. Höfling, and R. Tibshirani (2007) "Pathwise Coordinate Optimization," *Annals of Applied Statistics*, 1 (2), pp.302-332.

Hahn, J. (1998) "On the Role of the Propensity Score in Efficient Semiparametric Estimation of Average Treatment Effects," *Econometrica*, 66 (2), pp.315-331.

Hahn, J., P. Todd, and W. Van der Klaauw (2001) "Identification and Estimation of Treatment Effects with a Regression-Discontinuity Design," *Econometrica*, 69 (1), pp. 201-209.

Hansen, B. E. (2014) "Robust Inference," (available at: https://economics.yale.edu/sites/default/files/robust.pdf)

Hansen, B. E. (2022a) *Econometrics*, Princeton University Press.

Hansen, B. E. (2022b) "A Modern Gauss-Markov Theorem," *Econometrica*, 90 (3), pp. 1283-1294.

Hardle, W., P. Hall, and H. Ichimura (1993) "Optimal Smoothing in Single-Index Models," *Annals of Statistics*, 21 (1), pp.157-178.

Hastie, T., A. Montanari, S. Rosset, and R. J. Tibshirani (2022) "Surprises in High-Dimensional Ridgeless Least Squares Interpolation," *Annals of Statistics*, 50 (2), pp. 949-986.

Hastie, T., R. Tibshirani, and J. H. Friedman (2009) *The Elements of Statistical Learning: Data Mining, Inference, and Prediction*, Second Edition, Springer.

Hirano, K., G. W. Imbens, and G. Ridder (2003) "Efficient Estimation of Average Treatment Effects Using the Estimated Propensity Score," *Econometrica*, 71 (4), pp. 1161-1189.

Hitomi, K., Y. Nishiyama, and R. Okui (2008) "A Puzzling Phenomenon in Semiparametric Estimation Problems with Infinite-Dimensional Nuisance Parameters," *Econometric Theory*, 24 (6), pp.1717-1728.

Hoerl, A. E. and R. W. Kennard (1970) "Ridge Regression: Biased Estimation for Nonorthogonal Problems," *Technometrics*, 12 (1), pp.55-67.

Hristache, M., A. Juditsky, and V. Spokoiny (2001) "Direct Estimation of the Index Coefficient in a Single-Index Model," *Annals of Statistics*, 29 (3), pp.595-623.

Ichimura, H. (1993) "Semiparametric Least Squares (SLS) and Weighted SLS Estimation of Single-Index Models," *Journal of Econometrics*, 58(1-2), pp.71-120.

Ichimura, H. and W. K. Newey (2022) "The Influence Function of Semiparametric Estimators," *Quantitative Economics*, 13(1), pp.29-61.

Imbens, G. and K. Kalyanaraman (2012) "Optimal Bandwidth Choice for the Regression Discontinuity Estimator," *Review of Economic Studies*, 79(3), pp.933-959.

Imbens, G. W. and D. B. Rubin (2015) *Causal Inference for Statistics, Social, and Biomedical Sciences: An Introduction*, Cambridge University Press. (インベンス, G. W・D. B. ルービン (2023)『インベンス・ルービン 統計的因果推論 (上・下)』星野崇宏・繁桝算男監訳、朝倉書店)

Javanmard, A. and A. Montanari (2014) "Condence Intervals and Hypothesis Testing for High-Dimensional Regression," *Journal of Machine Learning Research*, 15(1), pp. 2869-2909.

Javanmard, A. and A. Montanari (2018) "Debiasing the Lasso: Optimal Sample Size for Gaussian Designs," *Annals of Statistics*, 46(6A), pp.2593-2622.

Kasy, M. (2018) "Uniformity and the Delta Method," *Journal of Econometric Methods*, 8(1), 20180001.

Klein, R. W. and R. H. Spady (1993) "An Efficient Semiparametric Estimator for Binary Response Models," *Econometrica*, 61(2), pp.387-421.

Kleinberg, J., H. Lakkaraju, J. Leskovec, J. Ludwig, and S. Mullainathan (2018) "Human Decisions and Machine Predictions," *Quarterly Journal of Economics*, 133(1), pp. 237-293.

Kleinberg, J., J. Ludwig, S. Mullainathan, and Z. Obermeyer (2015) "Prediction Policy Problems," *American Economic Review*, 105(5), pp.491-495.

Knight, K. and W. Fu (2000) "Asymptotics for Lasso-Type Estimators," *Annals of Statistics*, 28(5), pp.1356-1378.

Kobak, D., J. Lomond, and B. Sanchez (2020) "The Optimal Ridge Penalty for Real-World High-Dimensional Data Can Be Zero or Negative Due to the Implicit Ridge Regularization," *Journal of Machine Learning Research*, 21(1), pp.6863-6878.

Kolesár, M. and C. Rothe (2018) "Inference in Regression Discontinuity Designs with a Discrete Running Variable," *American Economic Review*, 108(8), pp.2277-2304.

Konishi, S. and G. Kitagawa (1996) "Generalised Information Criteria in Model Selection," *Biometrika*, 83(4), pp.875-890.

Lee, J. D., D. L. Sun, Y. Sun, and J. E. Taylor (2016) "Exact Post-Selection Inference, with Application to the Lasso," *Annals of Statistics*, 44(3), pp.907-927.

Leeb, H. and B. M. Pötscher (2005) "Model Selection and Inference: Facts and Fiction," *Econometric Theory*, 21, pp.21-59.

Leeb, H. and B. M. Pötscher (2008) "Sparse Estimators and the Oracle Property, or the Return of Hodges' Estimator," *Journal of Econometrics*, 142(1), pp.201-211.

Leeb, H., B. M. Pötscher, and K. Ewald (2015) "On Various Confidence Intervals Post-Model-Selection," *Statistical Science*, 30 (2), pp.216-227.

Li, K.-C. (1986) "Asymptotic Optimality of C_L and Generalized Cross-Validation in Ridge Regression with Application to Spline Smoothing," *Annals of Statistics*, 14 (3), pp.1101-1112.

Li, K.-C. (1987) "Asymptotic Optimality for C_p, C_L, Cross-Validation and Generalized Cross-Validation: Discrete Index Set," *Annals of Statistics*, 15 (3), pp.958-975.

Li, Q. and J. S. Racine (2007) *Nonparametric Econometrics: Theory and Practice*, Princeton University Press.

Lin, Y. and Y. Jeon (2006) "Random Forests and Adaptive Nearest Neighbors," *Journal of the American Statistical Association*, 101 (474), pp.578-590.

Mallows, C. L. (1973) "Some Comments on C_p," *Technometrics*, 15 (4), pp.661-675.

Meinshausen, N. and P. Bühlmann (2006) "High-Dimensional Graphs and Variable Selection with the Lasso," *Annals of Statistics*, 34 (3), pp.1436-1462.

Meinshausen, N. and G. Ridgeway (2006) "Quantile Regression Forests," *Journal of Machine Learning Research*, 7, pp.983-999.

Munnell, A. H., G. M. Tootell, L. E. Browne, and J. McEneaney (1996) "Mortgage Lending in Boston: Interpreting HMDA Data," *American Economic Review*, 86 (1), pp.25-53.

Newey, W. K. (1994) "The Asymptotic Variance of Semiparametric Estimators," *Econometrica*, 62 (6), pp.1349-1382.

Newey, W. K. (1997) "Convergence Rates and Asymptotic Normality for Series Estimators," *Journal of Econometrics*, 79 (1), pp.147-168.

Newey, W. K., F. Hsieh, and J. M. Robins (2004) "Twicing Kernels and a Small Bias Property of Semiparametric Estimators," *Econometrica*, 72 (3), pp.947-962.

Nie, X. and S. Wager (2021) "Quasi-Oracle Estimation of Heterogeneous Treatment Effects," *Biometrika*, 108 (2), pp.299-319.

Portnoy, S. (2022) "Linearity of Unbiased Linear Model Estimators," *American Statistician*, 76 (4), pp.372-375.

Pötscher, B. M. and D. Preinerstorfer (2022) "A Modern Gauss-Markov Theorem? Really?" arXiv preprint, arXiv:2203. 01425.

Powell, J. L., J. H. Stock, and T. M. Stoker (1989) "Semiparametric Estimation of Index Coefficients," *Econometrica*, 57 (6), pp.1403-1430.

Robinson, P. M. (1988) "Root-N-Consistent Semiparametric Regression," *Econometrica*, 56 (4), pp.931-954.

Rosenbaum, P. R. and D. B. Rubin (1983) "The Central Role of the Propensity Score in Observational Studies for Causal Effects," *Biometrika*, 70 (1), pp.41-55.

Rosset, S. and R. J. Tibshirani (2020) "From Fixed-X to Random-X Regression: Bias-

Variance Decompositions, Covariance Penalties, and Prediction Error Estimation," *Journal of the American Statistical Association*, 115 (529), pp.138-151.

Schennach, S. M. (2020) "A Bias Bound Approach to Non-Parametric Inference," *Review of Economic Studies*, 87 (5), pp.2439-2472.

Schwarz, G. (1978) "Estimating the Dimension of a Model," *Annals of Statistics*, 6 (2), pp. 461-464.

Scornet, E., G. Biau, and J.-P. Vert (2015) "Consistency of Random Forests," *Annals of Statistics*, 43 (4), pp.1716-1741.

Serfling, R. J. (1980) *Approximation Theorems of Mathematical Statistics*, John Wiley & Sons.

Shao, J. (1997) "An Asymptotic Theory for Linear Model Selection," *Statistica Sinica*, 7 (2), pp.221-242.

Shinkyu, A. and N. Sueishi (2022) "Small Tuning Parameter Selection for the Debiased Lasso," arXiv preprint, arXiv:2208. 08679.

Stein, C. M. (1981) "Estimation of the Mean of a Multivariate Normal Distribution," *Annals of Statistics*, 9 (6), pp.1135-1151.

Sun, T. and C.-H. Zhang (2012) "Scaled Sparse Linear Regression," *Biometrika*, 99 (4), pp.879-898.

Tibshirani, R. (1996) "Regression Shrinkage and Selection via the Lasso," *Journal of the Royal Statistical Society*, Series B, 58 (1), pp.267-288.

Tibshirani, R. (2011) "Regression Shrinkage and Selection via the Lasso: A Retrospective," *Journal of the Royal Statistical Society*, Series B, 73 (3), pp.273-282.

Tibshirani, R. (2013) "The Lasso Problem and Uniqueness," *Electronic Journal of Statistics*, 7, pp.1456-1490.

Tibshirani, R., J. Taylor, R. Lockhart, and R. Tibshirani (2016) "Exact Post-Selection Inference for Sequential Regression Procedures," *Journal of the American Statistical Association*, 111 (514), pp.600-620.

Tsigler, A. and P. L. Bartlett (2023) "Benign Overfitting in Ridge Regression," *Journal of Machine Learning Research*, 24, pp.1-76.

van de Geer, S., P. Bühlmann, Y. Ritov, and R. Dezeure (2014) "On Asymptotically Optimal Confidence Regions and Tests for High-Dimensional Models," *Annals of Statistics*, 42 (3), pp.1166-1202.

van der Vaart, A. (1991) "On Differentiable Functionals," *Annals of Statistics*, 19 (1), pp. 178-204.

van der Vaart, A. (2000) "Asymptotic Statistics," Cambridge University Press.

van der Vaart, A. and J. A. Wellner (1996) *Weak Convergence and Empirical Processes: With Applications to Statistics*, Springer.

Wager, S. and S. Athey (2018) "Estimation and Inference of Heterogeneous Treatment Effects Using Random Forests," *Journal of the American Statistical Association*, 113

(523), pp.1228-1242.

Wooldridge, J. M. (2010) *Econometric Analysis of Cross Section and Panel Data*, Second Edition, MIT press.

Wu, D. and J. Xu (2020) "On the Optimal Weighted ℓ_2 Regularization in Overparameterized Linear Regression," *Advances in Neural Information Processing Systems*, 33, pp. 10112-10123.

Yang, Y. (2005) "Can the Strengths of AIC and BIC Be Shared? A Conflict between Model Indentification and Regression Estimation," *Biometrika*, 92(4), pp.937-950.

Zhang, C. -H. and S. S. Zhang (2014) "Confidence Intervals for Low Dimensional Parameters in High Dimensional Linear Models," *Journal of the Royal Statistical Society*, Series B, 76(1), pp.217-242.

Zhao, P. and B. Yu (2006) "On Model Selection Consistency of Lasso," *Journal of Machine Learning Research*, 7, pp.2541-2563.

Zou, H. (2006) "The Adaptive Lasso and Its Oracle Properties," *Journal of the American Statistical Association*, 101(476), pp.1418-1429.

Zou, H. and T. Hastie (2005) "Regularization and Variable Selection via the Elastic Net," *Journal of the Royal Statistical Society*, Series B, 67(2), pp.301-320.

梅津佑太・西井龍映・上田勇祐 (2020)『スパース回帰分析とパターン認識 (データサイエンス入門シリーズ)』講談社。

小西貞則・北川源四郎 (2004)『情報量規準 (シリーズ・予測と発見の科学)』朝倉書店。

竹内啓 (1976)「情報統計量の分布とモデルの適切さの規準」『数理科学』第14巻第3号、12-18頁。

西山慶彦・人見光太郎 (2023)『ノン・セミパラメトリック統計解析 (理論統計学教程：数理統計の枠組み)』共立出版。

● 索 引

● 著者紹介

末石直也（すえいし・なおや）

1979 年生まれ。京都大学大学院経済学研究科修士課程修了。ウィスコンシン大学経済学部博士課程修了（Ph.D. in Economics）。京都大学大学院経済学研究科講師、神戸大学大学院経済学研究科准教授を経て、2019 年より、同研究科教授。専門は計量経済学、統計学。

データ駆動型回帰分析──計量経済学と機械学習の融合

●─────2024 年 4 月 30 日　第 1 版第 1 刷発行
　　　　2024 年 11 月 15 日　第 1 版第 2 刷発行

著　者──末石直也
発行所──株式会社　日本評論社
　　　　〒170-8474　東京都豊島区南大塚 3-12-4　振替 00100-3-16
　　　　電話 03-3987-8621（販売）　03-3987-8595（編集）
　　　　https://www.nippyo.co.jp/
印刷所──精文堂印刷株式会社
製本所──井上製本所
装　幀──有田睦美
検印省略　©Naoya SUEISHI, 2024
Printed in Japan
ISBN 978-4-535-54048-4